REGINA BREUL IM GESPRÄCH MIT
WOLFGANG WALDSTEIN

HIRNTOD – ORGANSPENDE

REGINA BREUL IM GESPRÄCH MIT
WOLFGANG WALDSTEIN

HIRNTOD – ORGANSPENDE

Brisant und ehrlich

meDia
maRia

Bibliografische Information: Deutsche Nationalbibliothek.
Die Deutsche Nationalbibliothek verzeichnet diese Publikation in
der Deutschen Nationalbibliografie; detaillierte bibliografische
Daten sind im Internet über http://dnb.ddb.de abrufbar.

2. Auflage 2014

HIRNTOD – ORGANSPENDE
Brisant und ehrlich
Regina Breul im Gespräch mit Wolfgang Waldstein
© Media Maria Verlag, Illertissen 2014
Alle Rechte vorbehalten

Umschlaggestaltung: Finken & Bumiller, Stuttgart
Satz: SATZstudio Josef Pieper, Bedburg-Hau
ISBN 978-3-9815943-5-5

www.media-maria.de

INHALT

Zweiter Teil

Dritter Teil

VORWORT

Für kaum ein anderes bioethisches Thema wird von verschiedenen Stellen so massiv Werbung betrieben wie für die Organspende. Mit oft fragwürdigen Methoden wird für die Bereitschaft zur Zustimmung einer Organentnahme nach dem sogenannten „Hirntod" geworben.

Frau Dr. Regina Breul hat sich als Medizinerin intensiv mit dem Thema „Hirntod – Organspende" befasst und die Fakten recherchiert:

Im ersten Teil dieses Buches informiert sie umfassend über die medizinischen Aspekte der Transplantationsmedizin, insbesondere über das umstrittene Hirntodkriterium zur Todesfeststellung.

Im zweiten Teil führt Frau Dr. Regina Breul ein Gespräch mit Herrn Prof. Dr. Wolfgang Waldstein. Als Jurist und international anerkannter Experte für das Naturrecht wurde er im Jahr 1999 als Mitglied des *Consiglio Direttivo* der „Päpstlichen Akademie für das Leben" berufen. Mit dem Problem des Hirntodkriteriums kam er bereits im Jahr 1987 in den Vereinigten Staaten in Berührung, als er sich aufgrund von Gesprächen mit Prof. Dr. Alan Shewmon und Prof. Dr. Josef Seifert näher mit dem *Harvard-Report* befasste.

Im dritten Teil wird die Zusammenfassung des Kongresses „Signs of Life" wiedergegeben, der im Februar 2005 in der „Päpstlichen Akademie der Wissenschaften" in Rom auf Veranlassung von Papst Johannes Paul II. zur neuerlichen Klärung des Hirntodes stattfand.

Zu diesem brisanten Thema wird in den nachfolgenden drei Teilen des Buches eine umfassende Information über die Fakten und Argumente gegeben, die verschiedene Aspekte des gleichen Themas behandeln.

Wir vom MEDIA MARIA Verlag haben uns entschieden, dieses Buch zu verlegen, weil es ein ganz wichtiger Beitrag zum Thema „Lebensschutz" ist und die Krankenkassen aktuell im Auftrag des Staates die Versicherten massiv zur Organspende auffordern.

ERSTER TEIL

EINLEITUNG

Im Oktober 2008 sah ich die Dokumentation: „An der Schwelle zum Tod." Schon seit der ersten Herzverpflanzung durch Christiaan Barnard stand ich der Transplantationsmedizin skeptisch gegenüber. Allerdings war ich davon überzeugt, dass die Organe toten Menschen entnommen würden. Die Dokumentation bestätigte mich in meinen Zweifeln.

Durch intensive Beschäftigung mit dem Thema „Hirntod und Organspende" erfuhr ich mehr von der bedrückenden Wahrheit:

– Patienten, die bei der Organentnahme Reaktionen zeigen, die ein Anästhesist bei einer normalen Operation als Zeichen von Schmerzen und Stress deutet.

– Ein Krankenhausseelsorger, der sagt: „Ich sehe ihnen diesen Kampf an, der im OP gekämpft worden ist."[1]

– Ärzte, die lebende Menschen zu Toten umdefinieren, weil sie sonst bei der Organentnahme gegen das Tötungsverbot verstoßen würden.

---

[1] Albert Rau, Krankenhausseelsorger, in: *An der Schwelle zum Tod* von Silvia Matthies, ARD, 15.10.2008.

Für mich waren diese Fakten unfassbar. Als gläubige Katholikin interessierte mich auch die Haltung der katholischen Kirche zu diesem Thema. Leider fand ich hier unterschiedliche Meinungen. Während die einen in der Organspende einen über den Tod hinausgehenden Akt der Nächstenliebe sehen, bezeichnen andere die Organentnahme aus einem für hirntot erklärten Patienten als Tötung.

Erstaunt war ich über einen Kongress, der im Februar 2005 in der „Päpstlichen Akademie der Wissenschaften" auf Veranlassung von Papst Johannes Paul II. zur neuerlichen Klärung des Hirntodes stattfand. Dieser Kongress kam zu dem Ergebnis, dass der Hirntod nicht mit dem Tod des Menschen gleichgesetzt werden kann. Hier seien nur zwei der *Conclusions*[2] dieses Kongresses erwähnt, die auf S. 87 wiedergegeben werden.

Für mich stellte sich die Frage, warum sich daraus keine Folgen für die Transplantationsmedizin ergeben haben.

Durch die Änderung des Transplantationsgesetzes im Jahr 2012 sollen die Bürger in regelmäßigen Abständen, gedacht ist an alle zwei Jahre, dazu aufgefordert werden, sich mit dem Thema auseinanderzu-

---

[2] Dr. med. Paul A. Byrne, Prof. Dr. Cicero G. Coimbra, Prof. Dr. Robert Spaemann und Mercedes Arzú Wilson, *Der Hirntod ist nicht der Tod*, Beitrag von einer Tagung der „Päpstlichen Akademie der Wissenschaften" im Februar 2005, http://www.transplantation-information.de/hirntod_transplantation/hirntod_ist_nicht_der_tod_2005.html.

setzen. Anstelle von wahrheitsgemäßer Aufklärung steht Werbung.

Zu meiner Freude hatte ich die Gelegenheit, mit Prof. Dr. Wolfgang Waldstein, der als emeritiertes Mitglied der „Päpstlichen Akademie für das Leben" ein Zeuge der Entwicklung zum Thema „Hirntod" im Vatikan ist, ein Interview zu führen.

Gleichzeitig nutze ich die Gelegenheit, in diesem Buch über Fakten aufzuklären, die für eine informierte Entscheidung für oder gegen die Organspende wichtig sind.

Bis in die Mitte des 20. Jahrhunderts hinein galt ein Mensch als tot, wenn die sicheren Todeszeichen: Totenstarre, Leichenflecke und Fäulnis, vorlagen. Sie folgten auf die zunächst unsicheren Todeszeichen: Bewusstlosigkeit, Herzstillstand, Atemstillstand, Bewegungslosigkeit, niedrige Körpertemperatur und Blässe.

Zu diesem Zeitpunkt kannte man schon Patienten, die im Wachkoma bzw. in einem appalischen Syndrom waren. Diese Patienten konnten noch selbstständig atmen.

Nachdem in der Mitte des 20. Jahrhunderts die ersten maschinellen Beatmungsgeräte zum Einsatz kamen, war es möglich, Patienten, die einen Atemstillstand hatten, künstlich zu beatmen. Dieser Zustand wurde als irreversibles Koma bzw. als *Coma dépassé* (Mollaret und Goulon 1959)[3] bezeichnet. Man ging

---

[3] P. Mollaret, M. Goulon, *Le Coma dépassé,* in: „Revue Neurologique", 101, 1959, S. 3–15.

bei diesen Patienten von einer irreversiblen Zerstörung des Gehirns aus. Sie galten allerdings nicht als tot.

Nachdem 1960 die externe Herzmassage eingeführt wurde, stieg die Zahl der beatmeten Komapatienten an.

Schon 1963 wurde von Tönnis und Frowein[4] dieses Syndrom als „cerebraler Tod" bezeichnet und es wurde als Kriterium für den Behandlungsabbruch bei Komapatienten anerkannt.

Der deutsche Neurochirurg Wilhelm Tönnis (1898–1978) war im Dritten Reich beratender Neurochirurg beim Chef des Sanitätswesens der Luftwaffe. Seine Forschung fand zu dieser Zeit im Rahmen der medizinischen Verbrechen im Nationalsozialismus statt. Die von ihm und seinem Mitarbeiter A. Frowein aufgestellten Kriterien für den „cerebralen Tod" eines beatmeten Komapatienten waren für die Durchsetzung des heute gültigen Hirntodkonzeptes äußerst bedeutsam.

1967 führte Christiaan Barnard die erste erfolgreiche Herztransplantation durch. Es folgten in den USA und in Japan weitere Transplantationen. Die Staatsanwaltschaften begannen, wegen vorsätzlicher Tötung zu ermitteln. In Japan wurde ein Arzt, der einem „hirntoten Patienten" Organe entnommen hatte, rechtskräftig wegen Mordes verurteilt.

1968 wurde durch das *Ad Hoc Committee* der *Har-*

---

[4] Wilhelm Tönnis, Reinhold A. Frowein, *Wie lange ist Wiederbelebung bei schweren Hirnverletzungen möglich?*, in: „Monatsschrift für Unfallkunde, Versicherungs-, Versorgungs- und Verkehrsmedizin", 66, 1963, S. 169–190.

vard Medical School das „irreversible Koma" in „Hirntod" umbenannt.[5] Damit war zum einen der Weg frei
für eine Therapiebeendigung bei Patienten im irreversiblen Koma und zum anderen konnten straffrei
lebendfrische Organe für die Transplantation gewonnen werden.

Der noch lebende Patient wurde zum „Toten" um-
definiert, da Organe nur einem Toten entnommen
werden durften. Diese Voraussetzung für die Organentnahme wurde als *Dead Donor Rule*[6] bezeichnet.

Es gab von Anfang an viele Kritiker dieser Gleich-
setzung von Tod und Hirntod, wie zum Beispiel den
Philosophen und Nobelpreisträger Hans Jonas[7].

Trotz aller Kritik gilt die *Dead Donor Rule* bis heute
als ehernes Gesetz der Transplantationsmedizin. Warum ist diese so wichtig?

– Wenn der Organspender nicht tot ist, macht sich
  der Arzt, der die Organe entnimmt, der aktiven Tötung schuldig, auch wenn der Spender zugestimmt
  hat.

– Wenn der Organspender nicht tot ist, dürfen Angehörige ihn nicht zur Organentnahme freigeben, da
  sie ihn damit zum Töten freigeben.

---

[5] *A Definition of Irreversible Coma,* Report of the Ad Hoc Committee of the Harvard Medical School to Examine the Definition of Brain Death, in: „Journal of the American Medical Association", 205, 1968, S. 337–340.

[6] http://www.linus-geisler.de/art2010/201001universitas_tote-
spender-regel.html.

[7] Hans Jonas, „Gehirntod und menschliche Organbank: Zur
pragmatischen Umdefinierung des Todes", in: *Technik, Medizin und Ethik. Zur Praxis des Prinzip Verantwortung,* Suhrkamp
Verlag Frankfurt 1987, S. 219–241, hier 220.

– Wenn der Organspender nicht tot ist, darf er sich aus christlicher Sicht auch nicht zur Organspende bereit erklären, da er damit seine Einwilligung zur Tötung gibt.
– Wenn der Organspender nicht tot ist, entstehen für den Organempfänger möglicherweise große Probleme, wenn er sich darüber klar wird, dass Organspender durch die Organentnahme getötet werden.

Der amerikanische Neurologe Alan Shewmon, der zunächst ein Befürworter des Hirntodkonzeptes war, stellte fest, dass es nach der Feststellung des Hirntodes nicht, wie immer behauptet wird, unmittelbar zu einer Desintegration des Organismus und damit zum Herztod kommen muss. Bis 1998 hatte er schon über 170 dokumentierte Fälle gefunden, in denen zwischen der Feststellung des Hirntodes und dem Herzstillstand eine Zeitspanne von mindestens einer Woche bis zu vierzehn Jahren vergangen war. Dies bezeichnete er als „chronischen Hirntod"[8]. Solche Fälle werden immer wieder, auch in Deutschland, beschrieben.

Allmählich glaubten die Hirntodbefürworter, der Hirntod sei endgültig als Todeskriterium anerkannt und die Kritiker sahen keine Chance mehr, den Hirntod erneut zu diskutieren. Das Jahr 2008 brachte eine entscheidende Wende.

---

[8] D. Alan Shewmon, *Chronic „brain death": Metaanalysis and conceptual consequences*, in: „Neurology", 51, 1998, S. 1538–1545.

Robert Truog von der *Harvard Medical School*, der Geburtsstätte des „Hirntodes", veröffentlichte mit Franklin G. Miller vom *US National Institute of Health*, Abteilung Bioethik, eine Arbeit, in der klargestellt wurde, dass für hirntot erklärte Patienten nicht tot sind. Allerdings fordern die beiden Wissenschaftler, um der Organspende nicht zu schaden, ein Abrücken von der *Dead Donor Rule* und ein „gerechtfertigtes Töten" von für hirntot erklärten Patienten zum Zwecke der Organgewinnung.[9] Das ist zumindest ehrlich.

Vom *President's Council of Bioethic* wurde im Dezember 2008 ein *White Paper* herausgebracht, in welchem die Argumente, die bisher den Hirntod gerechtfertigt hatten, als irrtümlich zurückgewiesen wurden.[10]

Die Organentnahme bei einem lebenden Menschen würde allerdings gegen das Tötungsverbot verstoßen.

Was blieb zu tun? Ein Abrücken von der *Dead Donor Rule* wurde als problematisch erkannt. Um der Organgewinnung nicht zu schaden, wurden philosophische Konzepte entwickelt.

Der *President's Council of Bioethic* sagt, der Hirntote habe zwar noch eine nach innen, auf den Organismus als Ganzes gerichtete Integration, allerdings fehle ihm die Integration in die Umwelt und er könne somit als tot betrachtet werden.

---

[9]   Robert D. Truog M.D., Franklin G. Miller, Ph.D., *The Dead Donor Rule and Organ Transplantation,* in: „The New England Journal of Medicine", 2008, 359. 674–675, August 14, 2008, DOI: 10.1056/NEJMp0804474.

[10] *Controversies in the Determination of Death,* „A White Paper of the President's Council on Bioethics", Washington, D.C., December 2008, www.bioethics.gov.

Einige Philosophen, Theologen, vor allem Moraltheologen, sprechen von einem Tod der Person. So
schrieb unter anderem Kardinal Lehman: „Es kann
kein Zweifel bestehen, dass der Hirntod zwar nicht
gleichzusetzen ist mit dem Tod des Menschen
schlechthin, aber er ist ein reales ‚Zeichen des Todes'
der Person."[11]

Diese Aussage ist eine äußerst problematische, nur
auf die Organgewinnung ausgerichtete Lösung. Sie
hängt davon ab, wie man eine „Person" definiert. Die
Messlatte lässt sich je nach Bedarf beliebig verschie-
ben. Auf diese Weise könnten eventuell in Zukunft
auch Anenzephale[12], Wachkomapatienten[13] oder Menschen mit mehr oder weniger schwerer Demenz zu
Organspendern erklärt werden.

---

[11] Jürgen Nakott, *Der Schritt über die Schwelle,* in: „Bild der Wissenschaft online", Ausgabe 11, 1997, S. 62, http://www.bild-
der-wissenschaft.de/bdw/bdwlive/heftarchiv/index2.php?ob
ject_id=10092624.

[12] Sibylle H. L'hoste, *Ambivalenz der Medizin am Beginn des Lebens,* LIT Verlag 2004, S. 74, http://books.google.de/books?
id=73QWyApDDYsC&pg=PA74&lpg=PA74&dq=Organe+von+
Anenzephalen&source=bl&ots=oUpy1X-qv0&sig=LSPRrYLv
oxUkp1Fm69RxA4ayfR8&hl=de&sa=X&ei=xOzaUfXWBcneP
dD9geAB&ved=0CDIQ6AEwAQ#v=onepage&q=Organe%20
von%20Anenzephalen&f=false.

[13] *Großbritannien: Euthanasie soll Organspende-Problem lösen – Bioethiker plädiert für Tod von Wachkoma-Patienten zwecks Organentnahme,* in: „Katholisches.info, Magazin für Kirche und
Kultur", 17.5.2010, http://www.katholisches.info/2010/05/17/
grosbritannien-euthanasie-soll-organspende-problem-losen-
bioethiker-pladiert-fur-tod-von-wachkoma-patienten-zwecks-
organentnahme/.

WIE WIRD DER HIRNTOD
DEFINIERT?

Nach den Richtlinien der Bundesärztekammer wird der Hirntod definiert als der „Zustand der irreversibel erloschenen Gesamtfunktion des Großhirns, des Kleinhirns und des Hirnstamms"[14].

In dieser Definition wird das Zwischenhirn (Diencephalon) nicht erwähnt. Zum Zwischenhirn gehört unter anderem der Hypothalamus. Dieser ist das oberste Regulationszentrum für alle vegetativen und endokrinen Vorgänge. Das erklärt, warum bei sogenannten „Hirntoten" die Kreislaufregulation, die Temperaturregulation, die vegetative und die hormonelle Regulation noch funktionieren.[15]

Hirntote haben eine innere Atmung, das heißt der Gasaustausch zwischen Blut und Gewebe funktioniert noch. Einen wirklich toten Menschen kann man nicht mehr beatmen. Man würde ihn nur aufblasen. Sogenannte Hirntote haben eine spontane Herztätigkeit und einen Blutdruck. Sie sind warm, haben Stoff-

---

[14] Wissenschaftlicher Beirat der Bundesärztekammer, Stand: 24.7.1998, *Richtlinien zur Feststellung des Hirntodes*, 3. Fortschreibung 1997 mit Ergänzungen gemäß Transplantationsgesetz (TPG), http://www.bundesaerztekammer.de/page.asp?his=0.7.45.3252#Def.

[15] August Rauber, Friedrich Kopsch, Helmut Leonhardt, Gian Töndury, Karl Zilles, *Anatomie des Menschen, Bd. 3, Nervensystem, Sinnesorgane*, Thieme Verlag Stuttgart 1987, S. 319–366.

wechselvorgänge und scheiden aus. Sie können Durchfall oder Verstopfung entwickeln, haben eine Blutbildung und Blutgerinnung, sind in der Lage, Antikörper zu bilden, können Infektionen überwinden, zeigen vegetative Reaktionen wie zum Beispiel Hautrötungen und Schwitzen und haben Muskelkontraktionen.

Für hirntot erklärte Frauen können Schwangerschaften austragen und Milch produzieren. Hirntote Männer haben Erektionen.

Diese normalerweise als Lebenszeichen anerkannten Phänomene werden bei für hirntot erklärten Patienten als mit dem Zustand eines Toten vereinbar betrachtet.

Als 1968 die Harvard-Kriterien veröffentlicht wurden, war bei einem Hirntoten keine einzige Bewegung erlaubt. Die Harvard-Kommission betrachtete das Zentralnervensystem, bestehend aus Gehirn und Rückenmark, als untrennbare Einheit.

Tönnis und Frowein reduzierten das Zentralnervensystem auf das Innere der Schädelkapsel. Somit erklärt es sich, dass inzwischen beim Mann noch siebzehn und bei der Frau noch vierzehn mögliche Bewegungen als mit dem Status einer Leiche vereinbar gelten.[16]

Ist ein für „hirntot" erklärter Patient wirklich tot? Weltweit gibt es inzwischen mehr als 37 Hirntoddefinitionen.

---

[16] Anna Bergmann, *Der entseelte Patient*, Aufbau-Verlag Berlin, 2004.

Es gibt sichere Todeszeichen, die unmissverständlich zeigen, dass ein Mensch gestorben ist. Von diesen sicheren Todeszeichen, Totenflecke, Totenstarre und Fäulnis, ist bei einem „Hirntoten" keines nachzuweisen. Von den sechs unsicheren Todeszeichen, Bewusstlosigkeit, Herzstillstand, Atemstillstand (Apnoe), Bewegungslosigkeit, niedrige Körpertemperatur und Blässe, finden sich beim „Hirntoten" lediglich zwei, nämlich Bewusstlosigkeit und Atemstillstand.

Der für hirntot erklärte Patient ist allenfalls ein Sterbender im möglicherweise irreversiblen Hirnversagen.

Inzwischen gibt es Neurologen, die aufgrund neuer wissenschaftlicher Erkenntnisse eine andere Sichtweise vom sogenannten „Hirntod" haben. Sie bezeichnen den Zustand, in welchem sich der Schwer-Schädel-Hirnverletzte befindet, als „globale ischämische Penumbra"[17].

Das Gehirn kann eine Minderdurchblutung bis zu 20 Prozent schadlos überstehen, wenn der Patient optimal behandelt wird und ihm kein weiterer Schaden zugefügt wird. Ab 50 Prozent Minderdurchblutung kommt es zu einer Störung der Funktion. Das Gehirn wird quasi „stumm". Das Gewebe ist allerdings strukturell noch intakt und kann sich gegebenenfalls wieder erholen. Erst bei einem Abfall der Durchblutung unter 20 Prozent kommt es zu einer Nekrose des Ge-

---

[17] C.G. Coimbra, *Implications of ischemic penumbra for the diagnosis of brain death*, in: „Brazilian Journal of Medicine and Biological Research", 32, 12, 1999, S. 1479–1487, http://www.ncbi.nlm.nih.gov/pubmed/10585628.

webes. In der globalen ischämischen Penumbra befindet sich der Patient im tiefen Koma; er hat keine Reflexe und muss beatmet werden.

Die noch vorhandene Durchblutung, die eventuell auch mit bildgebenden Verfahren nicht mehr nachweisbar ist, reicht jedoch noch aus, um eine Nekrose des Gewebes zu verhindern. Allerdings darf dieser Zustand bei normaler Körpertemperatur höchstens 48 Stunden andauern.

Schon lange ist bekannt, dass eine Reduzierung der Körpertemperatur um nur 4° C sich sehr günstig auf die Prognose von Schwer-Schädel-Hirnverletzten auswirkt. 1996 beschrieben japanische Neurologen, darunter N. Hayashi, dass 70 Prozent der Patienten mit schweren Schädel-Hirn-Traumen durch Unterkühlung wieder völlig gesund wurden.[18]

Eine optimale Behandlung der Schwer-Schädel-Hirnverletzten nach den neusten wissenschaftlichen Erkenntnissen ist absolut erforderlich.

Außer der schon erwähnten Hypothermie ist gegebenenfalls eine operative Druckentlastung durch eine

---

[18] N. Hayashi, *Brain hypothermia therapy*, in: „Japanese Medical Journal", 3767, 1996, S. 21–27, N. Hayashi, S. Inao, M. Takayasu et al., *Effect of early induction of hypothermia on severe head injury*, in: „Acta Neurochirurgica. Supplement" (Wien) 81, 2002, S. 83–84; D.W. Marion, W.D. Obrist, P.M. Carlier et al., *The use of moderate therapeutic hypothermia for patients with severe head injuries: a preliminary report*, in: „Journal of Neurosurgery", 79, 3, 1993, S. 354–362. C. Metz, M. Holzschuh, T. Bein et al., *Moderate hypothermia in patients with severe head injury: cerebral and extracerebral effects*, in: „Journal of Neurosurgery", 85, 4, 1996, S. 533–541.

Hemikranektomie (Entfernung des Schädeldaches) oder eine Trepanation (operatives Verfahren zur Öffnung des Schädels) erforderlich.[19]

Der Plasmaspiegel der Schilddrüsen und Nebennierenhormone muss sorgfältig überwacht werden und beim Absinken der Werte müssen diese Hormone substituiert werden. Mangel an Schilddrüsenhormonen führt unter anderem zu einer Verstärkung des Hirnödems und der Mangel an Nebennierenhormonen führt unter anderem zu einem Blutdruckabfall. Beides bewirkt eine weitere Verstärkung des Hirnödems und damit einen weiteren Anstieg des intrakraniellen Druckes.

Auch eine Analgosedierung, das heißt eine Gabe von Schmerz- und Beruhigungsmitteln, ist neben anderen Maßnahmen für den Patienten erforderlich.[20] In den Richtlinien der Deutschen Gesellschaft für Neurologie wird dies genau beschrieben.

---

[19] Stefani Schomakers, *Hirndrucksenkende Maßnahmen*, Weiterbildungsstätte für Intensivpflege & Anästhesie und Pflege in der Onkologie, UKM 2008, http://klinikum.uni-muenster.de/fileadmin/ukminternet/daten/zentralauftritt/ukm-mitarbeiter/schulen_weiterbildung/anin/arbeiten/intensivpflege_anaesthesie/Hirndrucksenkende_Massnahmen_2009.pdf.

[20] http://www.awmf.org/uploads/tx_szleitlinien/030-105l_S1_Intrakranieller_Druck_2012.pdf.

DIE FESTSTELLUNG DES HIRNTODS

Zur Feststellung des Hirntodes gibt es in den verschiedenen Ländern unterschiedliche Richtlinien. In Deutschland gelten für die Hirntoddefinition und die Hirntoddiagnostik die Richtlinien der Bundesärztekammer, die ein nicht-rechtsfähiger Verein ist. Für die Diagnose „Hirntod" wird die „Feststellung der klinischen Symptome Bewusstlosigkeit (Koma), Hirnstamm-Areflexie und Atemstillstand (Apnoe)" und der „Nachweis der Irreversibilität der klinischen Ausfallsymptome"[21] verlangt.

In ihrer Arbeit *Revival der Hirntoddebatte* fordert Dr. Sabine Müller, wissenschaftliche Mitarbeiterin der Charité, weiterführende bildgebende Untersuchungen zur Sicherung der Diagnose. Wie sie sehr richtig ausführt, werden zum Beispiel das Mittelhirn, das Kleinhirn und die Großhirnrinde bei der nach den Richtlinien der Bundesärztekammer durchgeführten Hirntoddiagnostik nicht ausreichend beziehungsweise überhaupt nicht erfasst.[22]

Wie in anderen Ländern werden auch in Deutschland meist nur die Hirnstammreflexe durch eine klinische Untersuchung geprüft.

---

[21] http://www.bundesaerztekammer.de/page.asp?his=0.7.45.3252.

[22] Sabine Müller, *Revival der Hirntod-Debatte: Funktionelle Bildgebung für die Hirntoddiagnostik*, in: „Ethik in der Medizin", Springer Verlag 2010, DOI: 10.1007/s00481-009-0044-5.

Eine Arbeit von Eelco F.M. Wijdicks, M.D., Ph.D, Eric A. Pfeifer, M.D., aus dem Jahr 2008 zeigt außerdem, dass die Gehirne von für hirntot erklärten Patienten nicht immer die erwarteten schweren Schäden aufwiesen.[23] Die Gehirne wurden nach der Explantation der Organe untersucht. Zum Teil fanden sich nur leichte Prellmarken.

Im Gegensatz dazu steht die Behauptung vieler Hirntodbefürworter, dass es beim für hirntot diagnostizierten Patienten zu einer Verflüssigung des Gehirns gekommen sei.

Joseph Verheijde, Mohamed Rady und Joan McGregor von der Mayo Klinik bezweifeln, dass die etablierten Richtlinien eine hinreichende Sicherheit zur Feststellung eines irreversiblen Hirnschadens bieten.[24]

Wie brisant der gesamte Komplex rund um das Thema „Hirntoddiagnostik und Organentnahme" ist, zeigt eine Studie aus Niedersachsen, die in Fachkreisen für Aufsehen sorgte: Eine seriöse Hirntoddiagnostik setzt viel Erfahrung und ein umfangreiches Fachwissen voraus. Dieses Fachwissen aber scheint

---

[23] Eelco F.M. Wijdicks, M.D., Ph.D., Eric A. Pfeifer, M.D., *Neuropathology of brain death in the modern transplant era*, in: „Neurology", 2008; 70, 1234–1237; originally published online Feb 6, 2008; DOI: 10.1212/01.wnl.0000289762.50376.b6, http://www.neurology.org/cgi/content/full/70/15/1234, 16.6.2013.

[24] Joseph L. Verheijde, Mohamed Y. Rady, Joan L. McGregor, *Brain death, states of impaired consciousness, and physician-assisted death for end-of-life organ donation and transplantation*, in: „Med Health Care Philos.", 2009 November, 12, 4, 409–421, published online 2009 May 13, DOI: 10.1007/s11019-009-9204-0.

nicht in jeder Klinik vorhanden zu sein. Das zumindest beklagte der Präsident der leitenden Krankenhausärzte 2006 im „Deutschen Ärzteblatt"[25]. Er kritisierte die drastische Reduzierung fester, mobiler Spezialistenteams für die Hirntoddiagnostik aus Kostengründen. Stattdessen würden von der Deutschen Stiftung Organtransplantation (DSO) von Fall zu Fall niedergelassene Neurologen „im Lassoprinzip" hinzugezogen, denen es nicht selten an genügender Erfahrung bei der Hirntoddiagnostik mangele. Die DSO bestritt derartige Vorwürfe vehement. Der erfahrene Hirntodexperte, Prof. Dr. Hermann Deutschmann, kam zu ähnlich alarmierenden Einschätzungen. Der Neurologe untersuchte im Auftrag der DSO, wie treffsicher die Hirntoddiagnostik in den Kliniken der Region sei. Das Ergebnis ist brisant und sollte vor allem den politisch Verantwortlichen in Berlin zu denken geben, Zitat: „Nicht selten werde zudem der Hirntod von Ärzten in kleineren Krankenhäusern fälschlicherweise vermutet oder nicht exakt nach den Regeln der Bundesärztekammer festgestellt. Das Team der Deutschen Stiftung Organtransplantation aus Niedersachsen etwa habe bei knapp 50 Untersuchungen in 21 Fällen den Hirntod nicht sichern können."

Ende 2012 forderten der Transplanteur Prof. Dr. Gundolf Gubernatis und der Neurologe Prof. Dr. Hermann Deutschmann eine Qualitätssicherung der

---

[25] „Deutsches Ärzteblatt", 2006; 103, 19, A–1268, B–1080, C–1039, http://www.aerzteblatt.de/archiv/51328/Organspenden-Stiftung-in-der-Kritik.

Hirntoddiagnostik.[26] Deutschmann untersuchte, wie oben erwähnt, von 2000 bis 2005 als Leiter eines Bereitschaftsteams der DSO in Niedersachsen 230 Patienten, die von Voruntersuchern als hirntot diagnostiziert waren. In 30 Prozent der Fälle konnte er die Diagnose nicht bestätigen.[27] Das heißt, über ein Drittel der Hirntoddiagnosen waren falsch.

Weltweit gibt es immer wieder Fehldiagnosen

Inzwischen gibt es auch viele Fälle von Patienten mit Hirntoddiagnose, die, nachdem ihre Angehörigen eine Organentnahme verweigert hatten, wieder völlig gesund geworden sind.
Hier einige Beispiele:
Jan Kerkhoffs[28]
Herbert[29]
Suzanne Chin[30]

---

[26] Gundolf Gubernatis, Hermann Deutschmann, *Tabuthema: Hirntod – Zweifel an der Qualität der Diagnostik,* in: „Report München" am 20.11.12, „Überdenken der ethischen Normen bei vitalen Organspenden". 2012, http://blog.br.de/reportmuenchen/2012/5747/tabuthema-hirntod-zweifel-an-der-qualitaet-der-diagnostik.html.

[27] Hermann Deutschmann, in: „Deutsches Ärzteblatt", 2006, 103, 19, A–1268, B–1080, C–1039, http://www.aerzteblatt.de/pdf.asp?id=51328.

[28] Silvia Matthies, *Tot oder lebendig,* „Hirntoddiskussion", Bayerisches Fernsehen, September 1995.

[29] Silvia Matthies, *Leben oder sterben lassen,* „Euthanasiediskussion", Arte, September 1997.

[30] http://www.tnp.sg/content/my-family-wouldnt-let-me-die.

Steven Thorpe[31]
Sam Schmid[32]
Zack Dunlap[33]
Agnieszka Terlecka[34]
Wioletta Plisinska[35]
Gloria Cruz[36]
Carina Melchior[37]

Solche Fälle werden von den Befürwortern des Hirntodes als Fehldiagnosen abgetan. Sie berufen sich darauf, dass der Hirntod in verschiedenen Ländern unterschiedlich definiert wird (Ganzhirntod oder Teilhirntod). Immer wieder wird behauptet, dass es keine Fehldiagnosen geben könne, wenn der Hirntod exakt nach den Richtlinien der Bundesärztekammer bestimmt würde. Dieses Argument wird durch eine Studie der Universität Bonn, Abteilung Neurochirurgie, aus dem Jahr 2006 widerlegt. In dieser Studie steht, dass von 113 Probanden, die exakt nach den Regeln der Bundesärztekammer für hirntot erklärt waren, immerhin zwei überlebten.[38]

---

[31] http://www.huffingtonpost.com/2012/04/24/a-british-car-acci
dent-vi_n_1450113.html.
[32] http://www.youtube.com/watch?v=MAOFrGizmH0&feature
=player_embedded.
[33] http://www.youtube.com/watch?v=u6CXKBYiNKs.
[34] http://www.youtube.com/watch?v=gv32DUBPLpE.
[35] http://www.youtube.com/watch?v=C8geRhFdixs.
[36] http://www.foxnews.com/health/2011/05/11/husband-celebra
tes-miracle-brain-dead-wife-wakes-hospital/#ixzz1fyZOCCQT.
[37] http://www.youtube.com/watch?v=WG0CdMS3dGM.
[38] C. Schaller, M. Kessler, *On the difficulty of neurosurgical end of*

In scheinbarer Unkenntnis dieser Studie teilte mir das Bundesministerium für Gesundheit in einem Schreiben vom 3.2.2009 mit: „Bis heute ist weltweit kein Fall belegt, bei dem nach sachgerechter Anwendung dieser Untersuchungsverfahren der Hirntod fälschlich festgestellt wurde oder nach sachgerechter Hirntodfeststellung eine Erholung der Hirnfunktion und damit ein Überleben Hirntoter beobachtet wurde. Entsprechende Zweifel haben sich bisher kein einziges Mal als begründet erwiesen."[39]

Bei der Diskussion über Patienten, die trotz der Diagnose „Hirntod" wieder gesund wurden, verlangen die Hirntodbefürworter immer wieder die exakten Hirntodprotokolle. Erfahrungsgemäß gibt es aber bei Fehldiagnosen und Kunstfehlern meist keine vollständigen Unterlagen beziehungsweise verweigern die entsprechenden Kliniken die Herausgabe der Unterlagen.

Obwohl bei einigen dieser Patienten sogar weiterführende bildgebende Verfahren, wie sie von Sabine Müller gefordert werden, die Hirntoddiagnose bestätigten, werden diese Fälle als „Hirntodfehldiagnosen" abgetan. Auch hier wird gesagt, der Hirntod sei nicht exakt nach den Richtlinien der Bundesärztekammer festgestellt worden.

---

    life decisions, in: „Journal of Medical Ethics", Februar 2006, Heft 32, S. 65–69.

[39] Schreiben des Bundesministeriums für Gesundheit vom 3.2.2009 an Dr. med. Regina Breul.

Bevor die Hirntoddiagnostik durchgeführt wird, muss sichergestellt sein, dass der Patient frei ist von Schmerz- und Beruhigungsmitteln und Relaxantien. Wird diese Vorschrift nicht exakt eingehalten, besteht die Gefahr einer möglichen Fehldiagnose. So erschien im Juli 2013 in der Presse ein Bericht über eine 41-jährige amerikanische Patientin, die nach diagnostiziertem Hirntod im Operationssaal erwachte, als mit der Organentnahme begonnen werden sollte.[40, 41]

Dass es auch in Deutschland zu einer solchen Fehldiagnose kommen kann, zeigt der Fall eines für hirntot erklärten jungen Amerikaners, der in Deutschland auf die Organentnahme vorbereitet wurde. Die ehemalige Intensivschwester Jytte Haupt berichtete über diesen Fall in dem Film „Der umkämpfte Tod"[42].

---

[40] http://www.focus.de/panorama/welt/skandaloese-fehler-in-us-klinik-fuer-tot-erklaerte-frau-erwacht-bei-organentnahme_aid_1039950.html.

[41] http://www.syracuse.com/news/index.ssf/2013/07/st_joes_fi ned_over_dead_patien.html.

[42] Silvia Matthies, *Der umkämpfte Tod*, ARD, 1994.

DAS TRANSPLANTATIONSGESETZ

In den verschiedenen Ländern in Europa und weltweit gelten verschiedene Regelungen für die Transplantation. Was den meisten Menschen nicht bekannt ist, ist die Tatsache, dass man als Reisender den Transplantationsgesetzen der jeweiligen Länder unterliegt. Will man nicht Gefahr laufen, unfreiwillig Organspender zu werden, muss man vor Reiseantritt Vorsorge treffen.

Bisher galt in Deutschland die erweiterte Zustimmungslösung, das heißt der Spender selbst musste zustimmen. Wenn er selbst nicht mehr dazu in der Lage war, konnten seine Angehörigen oder ein mit der Vorsorgevollmacht Betrauter nach dem mutmaßlichen Willen des Spenders entscheiden. Um die Zahl der Organspenden zu erhöhen, wurde das Transplantationsgesetz geändert.

Seit 2012 gilt in Deutschland die Erklärungslösung. Alle Versicherten sollen in regelmäßigen Abständen, vorgesehen sind alle zwei Jahre, von ihrer Krankenkasse eine Anfrage bekommen, ob sie zur Organspende bereit sind. Schon Sechzehnjährige dürfen sich für die Organspende entscheiden. Mit vierzehn Jahren kann man sich dagegen entscheiden. Sobald die elektronische Gesundheitskarte funktionsfähig ist, soll die Entscheidung nach Möglichkeit darauf eingetragen werden.

In vielen europäischen Ländern, wie zum Beispiel in Österreich, gilt die Widerspruchsregelung. Alle

Österreicher und auch alle Reisenden und Durchreisenden gelten automatisch als Organspender, wenn sie keinen Widerspruch eingelegt haben. Das wissen selbst die meisten Österreicher nicht. Sie wissen auch nicht, wie und wo sie den Widerspruch einlegen müssen. Reisende, die nach Österreich fahren, werden darüber auch nicht aufgeklärt. Wenn man sich mit dem Thema „Organspende" intensiv beschäftigt, findet man schließlich nach langem Suchen die Lösung.

Formulare bekommt man als *Download* oder per Post beim ÖBIG – („Österreichisches Bundesinstitut für Gesundheitswesen"). Dorthin muss man sie ausgefüllt mit Originalunterschrift schicken. Eine Bestätigung des Eintrags lässt oft lange auf sich warten.

In Frankreich und Schweden gilt die Informationsregelung. Wie bei der Widerspruchsregelung geht der Gesetzgeber von der Bereitschaft zur Organspende aus, wenn kein Widerspruch vorliegt. Die Angehörigen müssen über die geplante Entnahme informiert werden, haben allerdings kein Einspruchsrecht.

In Spanien, Italien, der Schweiz und Frankreich, im Eurotransplant-Bereich, in den Benelux-Ländern und in Österreich, werden Organe auch nach Herzstillstand entnommen.[43] Die *no-touch-Phase*, das heißt die Zeit zwischen dem letzten Herzschlag und dem Beginn der Perfusion des Spenders mit einer die Organe konservierenden Flüssigkeit, schwankt in den euro-

---

[43] Nicola Siegmund-Schultze, *Organe von Herztoten werden transplantiert – aber ohne Konsens über das Vorgehen*, in: „Ärzte-Zeitung", 8.10.2009, http://www.aerztezeitung.de/medizin/krankheiten/herzkreislauf/herzinsuffizienz/article/569865/organe-herztoten-transplantiert-aber-konsens-vorgehen.html.

päischen Ländern zwischen zwei und zwanzig Minuten.

In Deutschland ist die Organentnahme nach Herzstillstand (noch) verboten, in den USA wird diese schon länger praktiziert.

Vor Antritt einer Reise muss man sich also über die Organspendegesetze des jeweiligen Landes informieren, gegebenenfalls den Widerspruch in der Landessprache einlegen und die entsprechenden Unterlagen mitführen.[44]

Nach § 34 des Strafgesetzbuches war nach dem alten Transplantationsgesetz in Deutschland im Einzelfall eine eigenmächtige Organentnahme im Sinne des rechtfertigenden Notstandes möglich. Eine Einwilligung musste nicht vorliegen. Auch diese Tatsache ist nicht bekannt.

Im Rahmen des Ökumenischen Kirchentages 2010 in München gab Prof. Dr. Eckhard Nagel der „FAZ" ein Interview, welches in der Ausgabe vom 15. Mai 2010 veröffentlicht wurde. Dort ist zu lesen: „In einem Fall etwa habe er eine Organspende auch ohne Zustimmung des Verstorbenen und seiner Angehörigen für geboten gehalten."[45, 46]

---

[44] http://www.transplantation-information.de/gesetze_organspen de_transplantation/ausland_gesetze/gesetze.html.

[45] Reinhard Bingener, *Arzt und Ethiker*, in: „FAZ", 15.5.2010.

[46] § 34 STGB Rechtfertigender Notstand:
„Wer in einer gegenwärtigen, nicht anders abwendbaren Gefahr für Leben, Leib, Freiheit, Ehre, Eigentum oder ein anderes Rechtsgut eine Tat begeht, um die Gefahr von sich oder einem anderen abzuwenden, handelt nicht rechtswidrig, wenn bei Abwägung der widerstreitenden Interessen, namentlich der betroffenen Rechtsgüter und des Grades der ihnen dro-

PRIVATWIRTSCHAFTLICHE VEREINIGUNGEN UND BEDENKLICHE ÄMTERHÄUFUNG

Die Deutsche Stiftung Organtransplantation (DSO) ist in Deutschland für die Beschaffung der Organe zuständig. Sie ist eine gewinnorientierte, rein privatwirtschaftliche Vereinigung. Krankenhäuser sind verpflichtet, potentielle Organspender sofort an die DSO zu melden. Nach dem neuen Transplantationsgesetz (TPG) sind alle Krankenhäuser mit Intensivstationen verpflichtet, zumindest einen Transplantationsbeauftragten zu haben. Dieser bekommt für diese Tätigkeit zusätzlich eine pauschale Vergütung.[47] Meist sind Oberärzte oder Chefärzte der Intensivstation oder der Anästhesieabteilung Transplantationsbeauftragte.[48, 49] Dadurch können potenzielle Spender früh entdeckt und an die DSO gemeldet werden.

---

henden Gefahren, das geschützte Interesse das beeinträchtigte wesentlich überwiegt. Dies gilt jedoch nur, soweit die Tat ein angemessenes Mittel ist, die Gefahr abzuwenden."

[47] http://www.gesetze-bayern.de/jportal/portal/page/bsbayprod. psml?showdoccase=1&doc.id=aiz-jlr-TrPLBvergVBY2009rah men%4020090101&doc.aizid=jlr-TrPLBvergVBY2009rahmen& doc.part=x&doc.origin=bs.

[48] https://www.schoen-kliniken.de/ptp/kkh/aib/faz/neurologie/ team/personal/02655/.

[49] http://www.wormatia.de/news/aktuell/news-detailseite/artikel/ wormatia-worms-und-klinikum-worms-starten-zum-heimspiel-gegen-mainz-05-ii-die-aktion-pro-organspe.html.

Im Oktober 2012 geriet der Vorstand der DSO unter Beschuss. In einem offenen Brief klagten Mitarbeiter der DSO über einen „Führungsstil" ihrer Chefs „nach Gutsherrenart".

Auch von Vetternwirtschaft, Selbstbedienungsmentalität und Missbrauch von Krankenkassengeldern war die Rede.[50]

Eurotransplant[51] mit Sitz im holländischen Leyden ist ebenfalls eine gewinnorientierte, rein privatwirtschaftliche Vereinigung nach niederländischem Recht. Belgien, Deutschland, Kroatien, Luxemburg, Niederlande, Österreich und Slowenien sind Mitglieder von Eurotransplant. Als „Serviceorganisation" ist diese Vereinigung für die Zuteilung von Organen nach einer zentralen Warteliste zuständig.

Wie die Organspendeskandale 2012 zeigten, verläuft auch die Organvergabe nicht immer korrekt. Organvergaben im „beschleunigten Verfahren", an Eurotransplant vorbei, wurden aufgedeckt.[52] Dieses Verfahren kommt zur Anwendung, wenn aus organisatorischen Gründen oder wegen des Zustands des Spenders der Verlust eines Organs droht. Solche Organe werden dann nur regional angeboten.

Neben den Skandalen durch Manipulation der Wartelisten, die bei der Überprüfung der Lebertrans-

---

[50] *Mobbingvorwürfe bei Stiftung Organspende: Einschüchtern, selbstbedienen*, taz.de, 9.10.2011.

[51] http://www.eurotransplant.org/cms/index.php?page=pat_germany.

[52] http://www.faz.net/aktuell/politik/inland/transplantationsmedizin-immer-mehr-schnellverfahren-bei-organvergabe-11846892.html.

plantationszentren 2012 aufgedeckt wurden, sind dies weitere Gründe für den Rückgang der Spenderzahlen.

Auch die Häufung der Ämter bei den Verantwortlichen im Transplantationsgeschäft stimmt bedenklich. Prof. Dr. Eckhard Nagel war bis 2010 Leiter des Augsburger Transplantationszentrums. Seit 2001 ist er Mitglied des Präsidiumsvorstandes des Evangelischen Kirchentages. In dieser Eigenschaft war er 2005 Präsident des 30. Deutschen Evangelischen Kirchentages in Hannover und 2010 evangelischer Präsident des 2. Ökumenischen Kirchentages in München. 2001 wurde er in den Nationalen Ethikrat berufen und war dessen stellvertretender Vorsitzender. Seit Februar 2008 ist er Mitglied des Deutschen Ethikrates. Gleichzeitig ist er Mitglied der Ständigen Kommission Organtransplantation bei der Bundesärztekammer. Inzwischen ist er ärztlicher Direktor des Universitätsklinikums Essen. Bundesweit kommt Essen auf die höchste Zahl an Lebertransplantationen. Im Juli 2013 wurde der Vorwurf erhoben, dass das Klinikum auch Organe minderer Qualität transplantiere, die von anderen Kliniken abgelehnt würden. Auch die Transplantationsergebnisse waren hier nicht die besten. 2011 verstarben 17 Prozent der Lebertransplantierten noch im Krankenhaus.[53]

Nicht nur in Deutschland gilt der Neurologe Prof. Dr. med. Dr. med. habil. Heinz Angstwurm als Hirntodexperte. Er ist seit ihrer Gründung 1994 Mitglied

---

[53] http://www.sueddeutsche.de/gesundheit/organspende-skandal-neue-auffaelligkeiten-bei-leber-transplantationen-1.1709468.

der Ständigen Kommission Organtransplantation der Bundesärztekammer und hat maßgeblich an den Richtlinien zur Hirntodfeststellung mitgearbeitet. Er wirkte bei der Vorbereitung des Transplantationsgesetzes mit und war 1996 Sachverständiger in Anhörungen des Gesundheitsausschusses des Deutschen Bundestages.

An der gemeinsamen Schrift der Deutschen Bischofskonferenz und des Rates der evangelischen Kirche zur Organtransplantation wirkte er mit. Auch am Symposium der „Päpstlichen Akademie der Wissenschaften" zum Hirntod im Jahr 1989 war er beteiligt. Außerdem ist er Gutachter zum Thema „Hirntod und Organtransplantation".

Nicht ganz so bekannt ist Dr. Martina Wenker. Neben vielen weiteren Ämtern ist sie Präsidentin der Ärztekammer Niedersachsen, Vizepräsidentin der Bundesärztekammer, Mitglied der Ständigen Kommission Organtransplantation. Gleichzeitig ist sie Mitglied im Fachbeirat der DSO Niedersachsen.

Wie diese Beispiele zeigen, sitzen die Verantwortlichen an wichtigen Schaltstellen und können so ihren Einfluss geltend machen. In strittigen Fällen können sie sich gegenseitig die Richtigkeit ihrer Entscheidungen bescheinigen.

ORGANSPENDE – EINWILLIGUNG NACH ERFOLGTER AUFKLÄRUNG?

In der Medizin gilt seit der Mitte des 20. Jahrhunderts der *informed consent*, die Einwilligung nach erfolgter Aufklärung, als ehernes Gesetz. Vor einem medizinischen Eingriff muss ein Patient voll und ganz über den Eingriff, über die Folgen und Risiken des Eingriffs und über Alternativen aufgeklärt werden. Durch seine Unterschrift muss er der Behandlung zustimmen. Der Patient hat das Recht auf körperliche Unversehrtheit und das Recht auf Zurückweisung. Außerdem hat er das Recht auf Nichteinmischung. Bei der Organspende scheint dies nicht zu gelten.

Eine wahrheitsgemäße Aufklärung ist nicht erforderlich. So sagt Prof. Dr. Hans Lilie, der Vorsitzende der Ständigen Kommission Organtransplantation: „[...] es bleibt den Einzelnen überlassen, sich selber die notwendigen Informationen zu besorgen, sodass eine Organspende auch dann zulässig ist, wenn der Betreffende sich für die Spende ausgesprochen hat, ohne über die Einzelheiten zuvor aufgeklärt worden zu sein." Weiter sagt er: „Bei der postmortalen Organspende wird nur das über den Tod hinauswirkende Persönlichkeitsrecht verletzt, wenn die Organentnahme ohne Einwilligung erfolgt."[54]

---

[54] Prof. Dr. Hans Lilie, *Zehn Jahre Transplantationsgesetz*, Vortrag 110, „Deutscher Ärztetag in Münster", 16.5.2007.

Im Organspendeausweis steht: „Für den Fall, dass nach meinem Tod eine Spende von Organen/Geweben zur Transplantation in Frage kommt [...]" und „JA, ich gestatte, dass nach der ärztlichen Feststellung meines Todes meinem Körper Organe und Gewebe entnommen werden."[55]

Was verschwiegen wird, ist die Tatsache, dass man aus einer Leiche keine Organe, die für eine Transplantation geeignet sind, entnehmen kann. Bei Nieren wäre eine Entnahme bis zu drei Stunden nach Herzstillstand möglich. Allerdings wird dies in der Praxis nicht genutzt, da diese Nieren vom Empfänger nicht gut angenommen werden. Augenhornhaut kann allerdings von einem Toten genommen werden.

Die Hirntoddiagnostik und zum Teil auch die „Spenderkonditionierung", das heißt Maßnahmen zur Erhaltung der Organe für den Empfänger, finden an einem noch lebenden Patienten statt.

Aufklärung über Hirntoddiagnostik

Zur Feststellung des Hirntodes ist eine Hirntoddiagnostik nach den Richtlinien der Bundesärztekammer vorgeschrieben.[56] Über den Ablauf und die damit verbundenen Risiken muss im Vorfeld wahrheitsgemäß aufgeklärt werden. Ist eine Organentnahme vorgesehen, handelt es sich um einen fremdnützigen Eingriff.

---

[55] http://www.organspendeausweis.org/.
[56] http://www.bundesaerztekammer.de/page.asp?his=0.7.45.3252.

Zustimmen kann daher nur der Spendenwillige zu Lebzeiten selbst. Weder Angehörige noch Betreuer sollten befugt sein, aufgrund des mutmaßlichen Willens des potenziellen Spenders zu entscheiden.[57]

Fakt ist: Bei der Hirntoddiagnostik wird der noch lebende Spender diversen belastenden Testverfahren ausgesetzt. Erst nach dem diagnostizierten Hirntod gilt er als Leiche:

– Vorgeschrieben ist das Auslösen starker Schmerzreize durch das Stechen in die Nasenscheidewand und heftiges Kneifen sowie das Auslösen des Würgereflexes und das Spülen des Gehörganges mit eiskaltem Wasser.

– Zur Absicherung der Diagnose wird gelegentlich eine Angiographie mit Kontrastmittelgabe durchgeführt. Dieses Testverfahren kann beim noch lebenden Spender zu einem anaphylaktischen Schock mit Todesfolge führen.

Empfohlen wird in den Handreichungen zur Hirntoddiagnostik einzelner Kliniken auch die Gabe von 1–2 mg Atropin, um festzustellen, ob eine baldige Hirntoddiagnostik sinnvoll ist.

Atropin führt in diesen Dosierungen zur Pupillenerweiterung und kann unter Umständen (bei besonderer Empfindlichkeit) auch gefährliche Herzrhythmusstörungen und komatöse Zustände auslösen. Diese Symptome können unter Umständen die Hirn-

---

[57] Dr. med. Regina Breul, *Offener Brief: Kritische Fragen zu Hirntod und Organspende*, 18.11.2011, http://www.xn--organspende-aufklrung-m2b.de/offener-brief/.

toddiagnose verfälschen.[58] Die entscheidende Untersuchung im Rahmen der Hirntoddiagnostik ist der Apnoe-Test.

Selbst die DSO empfiehlt ihn als letzte klinische Untersuchung, um den Patienten nicht zu gefährden. Bei diesem Test kann es zu Blutdruckabfall, Herzrhythmusstörungen und sogar zum Herzstillstand kommen.[59]

Über belastende Untersuchungen, mögliche Gefahren und Fehleinschätzungen bei der Hirntoddiagnostik wird der spendenwillige Bürger derzeit nicht aufgeklärt. Dieses Wissen ist bisher nur dem medizinisch Geschulten zugänglich. Auch das widerspricht dem Rechtsgrundsatz des *informed consent*.

---

[58] Dr. med. Hendrik Bachmann, *Einführungsmappe und Manual Intensivstation*, „Zeitpunkt der Hirntoddiagnostik", Sozialstiftung Bamberg, 11.9.2011, S. 68.

[59] DSO Kompaktinformation, *Hirntod und Hirntoddiagnostik*, „Ausfall der Spontanatmung", Neu-Isenburg 2003, Punkt 2, S. 6.

VORBEREITUNG AUF DIE ORGANENTNAHME UND SPENDERKONDITIONIERUNG

Die Spenderkonditionierung beginnt nicht selten schon vor der abschließenden Hirntoddiagnostik und dient dazu, die Spenderorgane auf ihre Qualität zu untersuchen und für die Transplantation zu optimieren.

Dazu gehören unter anderem:
- die Verabreichung von Antibiotika
- Heparin zur Blutverdünnung (mögliche Nebenwirkung: Hirnbluten)
- das Legen von zentralen Zugängen
- bei geplanter Lungenentnahme unter Umständen eine Bronchoskopie
- das Legen eines Herzkatheters

Die Spenderkonditionierung nach Hirntoddiagnostik ist medizinisch unerlässlich und nur bei korrekter Aufklärung erlaubt.[60]

---

[60] Bettina Schöne-Seifert, Thomas Prien, Georg Bellensmann, Norbert Roeder, Hartmut H.-J. Schmidt, *Behandlung potentieller Organspender im Präfinalstadium: Ethische Fragen,* Institut für Ethik, Geschichte und Theorie der Medizin, Universitätsklinikum Münster, http://campus.uni-muenster.de/egtm_organspende_praefinal.html.

Ethisch höchst problematisch allerdings ist eine Spenderkonditionierung vor der abschließenden Hirntoddiagnostik. Genau das aber wird in Fachkreisen zurzeit unter dem Stichwort „präfinale Spenderkonditionierung" kontrovers diskutiert.

Solchen fremdnützigen Eingriffen kann nur der Spendenwillige selbst zu Lebzeiten zustimmen. Weder Angehörige noch Betreuer sind berechtigt, aufgrund des „mutmaßlichen Willens" zu entscheiden.

Aufklärung über den Ablauf einer Explantation

Bei der Organentnahme kommt es in vielen Fällen zu einem rapiden Blutdruckanstieg beim Einschneiden in den Spenderkörper, nicht selten auch zu heftigen Abwehrbewegungen.

Normalerweise gelten solche Phänomene als Stress- und Schmerzreaktionen. Da ein Schmerzempfinden mit letzter Sicherheit nicht ausgeschlossen werden kann, ist in der Schweiz inzwischen eine Vollnarkose bei der Explantation vorgeschrieben.

Selbst die DSO empfiehlt zur „Optimierung des chirurgischen Eingriffs" 0,1-0,3 mg/70 kg Körpergewicht Fentanyl,[61] ein synthetisches Opioid (Opiat).[62] Fentanyl ist eines der stärksten Schmerzmittel. Auch darüber müssen Spendewillige zu Lebzeiten korrekt

---

[61] http://www.transplantationszentrum-freiburg.de/files/Organ entnahme.pdf.

[62] DSO Kompaktinformation, *Hirntod und Hirntoddiagnostik,* „Optimierung des chirurgischen Eingriffs", Neu-Isenburg 2003, Punkt 7, 7.2.1.

aufgeklärt werden. Nur so können sie eine rechtlich verbindliche Entscheidung treffen. Wegen der Tragweite des Eingriffs darf der mutmaßliche Wille – geäußert von Angehörigen oder Betreuern – keine Erlaubnis für eine Explantation sein.

Ein wichtiger Punkt im Zusammenhang mit der Hirntoddiagnostik ist die Tatsache, dass der Patient vor dieser Untersuchung von Schmerz- und Beruhigungsmitteln frei sein muss. Die „Analgosedierung", das heißt die Gabe von Schmerz- und Beruhigungsmitteln, wird für die Behandlung des Hirnödems empfohlen.[63] Trotzdem werden diese Medikamente beim bloßen Verdacht auf Hirntod abgesetzt, um die Hirntoddiagnostik durchführen zu können.[64] Juristisch gesehen gilt der für hirntot zu Erklärende zu diesem Zeitpunkt noch als ein lebender Patient.

Darf beim bloßen Verdacht auf Hirntod schon auf Schmerzmittel verzichtet werden? Hat der potenzielle Organspender nicht mehr das Recht auf eine Behandlung, die seinem eigenen Wohl dient? Ist es medizinisch und juristisch zu verantworten, dass es schon zu diesem Zeitpunkt vorwiegend um die Logistik der geplanten Organentnahme geht?

---

[63] Stefan Schwab, Andreas Unterberg, Werner Hacke, Christian Werner, Peter Schellinger, *NeuroIntensiv*, Springer Medizin Verlag 2008, S. 185.

[64] Wissenschaftlicher Beirat der Bundesärztekammer, Stand 24.7.1998, *Richtlinien zur Feststellung des Hirntodes*, 3. Fortschreibung 1997 mit Ergänzungen gemäß Transplantationsgesetz (TPG).

Schmerz- und Beruhigungsmittel sowie Muskelrelaxantien (Medikamente zur Entspannung der Muskulatur) müssen im Körper des potenziellen Spenders abgebaut sein. Erst dann kann eine Hirntoddiagnostik durchgeführt werden, da diese Medikamente die Ergebnisse der Untersuchung verfälschen.

Der Patient kann nicht für tot erklärt werden, eine Organentnahme ist so rechtlich nicht möglich. Für die behandelnden Ärzte ist es eine Gewissensfrage. Sie geraten in eine Zwickmühle. Denn einerseits müssen Schmerz- und Beruhigungsmittel vor der offiziellen Hirntoddiagnostik abgebaut sein, andererseits scheuen sich verantwortungsvolle Ärzte, bei bloßem Verdacht auf Hirntod aus fremdnützigen Motiven die Schmerzmitteltherapie einzustellen. Das aber ist unumgänglich, wenn eine Hirntoddiagnostik mit anschließender Organentnahme geplant ist. Einige Kliniken lösen diesen Konflikt sehr pragmatisch zugunsten der Organspende: So empfehlen die Anästhesisten PD Dr. Marco Gruß und Prof. Dr. Markus A. Weigand von der Universitätsklinik Gießen in den Handreichungen für das Klinikpersonal, Zitat: „Bereits ab dem Zeitpunkt des Verdachts auf Hirntod sollte man auf jegliche sedierende(n) Medikamente, Opiate und Muskelrelaxantien verzichten. Zur Durchführung der Hirntoddiagnostik müssen Medikamentenwirkungen (nach den Richtlinien der Bundesärztekammer) sicher ausgeschlossen sein."[65]

---

[65] Intensivmedizin up 2 date 6/2010, S. 115.

Ein Verdacht auf Hirntod reicht also aus. Wie viel Zeit wird dem potenziellen Spender für eine nur auf sein persönliches Wohl ausgerichtete adäquate Behandlung gewährt? Welche Wartezeiten müssen eingehalten werden, bis der Verdacht auf Hirntod zu Lasten des Patienten therapeutische Konsequenzen haben darf? Wie wird der Verdacht auf Hirntod verifiziert? Welche Kompetenz in der Einschätzung des Hirntodes muss ein Arzt haben, um bei einem bloßen Verdacht für den Patienten derart schwerwiegende Entscheidungen zu treffen? Was zählt mehr? Die Fürsorge für einen komatösen Patienten im Todeskampf oder eine reibungslose, zeitnahe Organentnahme zugunsten des Organempfängers? Eine Gratwanderung und eine rechtliche Grauzone, über die diskutiert werden muss.

Nach der Untersuchung von Prof. Dr. Hermann Deutschmann zur Sicherheit der Hirntoddiagnostik waren bis zu einem Drittel der Diagnosen falsch. Die potenziellen Organspender haben wahrscheinlich Stunden vor und nach der fehlerhaften Hirntoddiagnostik keine schmerzstillenden Medikamente mehr bekommen. Es wäre ein Gebot der Fairness, spendewillige Bürger oder ihre Angehörigen über die medizinischen Notwendigkeiten und ethischen Fallstricke bei der Organspende zu informieren.

Nur so ist für jeden Einzelnen eine Güterabwägung und damit eine tragfähige Entscheidung für oder gegen Organspende möglich. Ansonsten wird das Unwissen gutwilliger Menschen ausgenutzt.

Diskutiert werden muss auch, in welcher Diskrepanz oft Patientenverfügungen und die Bereitschaft zur Organspende stehen. Viele Bürger wünschen sich bei infauster (ungünstiger) Prognose einen schrittweisen Therapieabbruch, verbunden mit einem sanften, schmerzfreien Tod, begleitet von den Angehörigen. Das aber ist bei einer Organentnahme nicht möglich. Organspende bedingt für den Spender medikamentöse und apparative Maximaltherapie, das heißt den Einsatz aller Möglichkeiten der Hightech-Medizin, bis die Entnahmeoperation abgeschlossen ist.[66] Das kann Stunden, aber auch Tage dauern. All das muss der spendenwillige Bürger wissen. Der Gesetzgeber ist aufgefordert, im Transplantationsgesetz endlich klarere und transparentere Regeln zu schaffen.

Zurzeit besteht auch hier eine juristische Grauzone. Ohne die ausdrückliche Zustimmung des wahrheitsgemäß aufgeklärten Spenders selbst darf keine der für die Spenderkonditionierung nötigen Maßnahmen ergriffen werden. In der Realität sieht es allerdings anders aus.

Die Gesellschaft hat ein Anrecht auf seriöse, lückenlose Aufklärung, bei der die heiklen Punkte nicht, wie bisher, ausgeklammert werden.

---

[66] Silvia Matthies, *Verwirrung für Organspender. Der Konflikt mit der Patientenverfügung*, Das Erste.de, Report München, 28.5.2013, http://www.br.de/fernsehen/das-erste/sendungen/report-muenchen/dossiers-und-mehr/organspende-128.html, 19.6.2013.

WERBUNG STATT AUFKLÄRUNG

Die offizielle Aufklärung über Organspende wird von der Bundeszentrale für gesundheitliche Aufklärung (BZgA) und der Deutschen Stiftung Organtransplantation (DSO) im Auftrag des Bundesministeriums für Gesundheit betrieben. Allerdings vermisst man eine wahrheitsgemäße Aufklärung. An deren Stelle steht aufwendige und kostspielige Werbung. Allein im Jahr 2011 wurden von der BZgA 2,5 Millionen Euro für Organspende-Werbung ausgegeben.[67] In einer Broschüre wird der Hirntod mit dem Tod gleichgesetzt.[68] Dem medizinischen Laien wird gezeigt, wie erfahrene Ärzte diesen fehlerfrei diagnostizieren. Für das Jahr 2013 ist das Budget für Organspendewerbung auf 8,5 Millionen aufgestockt.[69]

Von der BZgA wurde unter anderem die Aktion Organpaten[70] ins Leben gerufen. Patenschaft ist etwas Positives. Es gibt auch eine Aktion Baumpaten. Man

---

[67] Freia Peters, *Die große Angst vor der Vorverlegung des Todes*, in: „Die Welt", 13.1.2013, http://www.welt.de/politik/deutsch land/article112732112/Die-grosse-Angst-vor-der-Vorverlegung-des-Todes.html, 25.6.2013.

[68] Prof. Dr. Günther Kirste, *Kein Weg zurück. Informationen zum Hirntod*, http://www.dso.de/uploads/tx_dsodl/HT_d_2012_Web.pdf.

[69] http://www.bundesregierung.de/Content/DE/Artikel/2012/11/2012-11-20-BMG-Haushalt.html.

[70] *Organpaten: Wie ein zweites Leben*, http://www.dso.de/uploads/tx_dsodl/Wie_ein_zweites_Leben.pdf.

kann etwas für die Umwelt tun, indem man mit ein paar Spatenstichen ab und zu die Erde auflockert, bei Trockenheit den Baum wässert und vielleicht um ihn herum ein paar Blumen pflanzt.

Auch ein Patenkind ist etwas Schönes. Man kann es unterstützen und ihm mit Rat und Tat beistehen. Für solche Patenschaften muss man allerdings nicht sterben. Organpate kann ich aber nur sein, wenn ich als noch lebender Mensch auf dem Operationstisch ausgeschlachtet werde. Darüber wird allerdings nicht aufgeklärt.

Für den Einsatz im Unterricht wurde von der BZgA und der TKK der Film *Organspende macht Schule* gedreht. Er soll Schüler über Organspende aufklären. Ein Organempfänger berichtet über sein neues Leben, ein Neurologe erklärt, wie sicher der Hirntod ist und der Hip-Hopper Bo Flower erklärt das Ganze musikalisch mit seinem Song *Von Mensch zu Mensch*.[71] Er singt davon, dass wir von Mensch zu Mensch mehr Liebe und mehr warme Herzen brauchen und das alles ganz einfach ist: „[…] ich verschenke gerne meine Niere, statt meinen Arsch zu verkaufen […], denn was am Ende ausreicht, ist im Portemonnaie ein Organspendeausweis […]."[72]

Prof. Dr. Elisabeth Pott von der BZgA sagt dazu: „Um speziell junge Menschen noch besser zu erreichen, haben wir das Gemeinschaftsprojekt mit der Techniker Krankenkasse gestartet. Es ist wichtig, dass Jugendliche verständliche Informationen erhalten,

---

[71] http://www.scoolz.de/7671,organspende_film.htm, 24.6.2013.
[72] http://www.youtube.com/watch?v=loJZBaaNxPE.

die ihnen Antworten auf ihre Fragen geben. Gut informiert können sie dann auch eine selbstbestimmte Entscheidung treffen."[73]

Eine solche „Information" ist in meinen Augen Verführung Minderjähriger. Auch Jugendliche können eine wahrheitsgemäße Aufklärung durchaus verstehen.

„Fürs Leben, für Organspende", eine Initiative der Deutschen Stiftung Organtransplantation (DSO), wirbt unter anderem mit dem Film: *Im Himmel braucht man kein Gepäck*. Bei der Einlasskontrolle im Himmel durch Petrus antwortet ein engelgleiches Mädchen auf die Frage nach seinem fehlenden Herzen mit einem wunderschönen Lächeln: „Mein Herz hab ich verschenkt!"

Auf der Seite „Fürs Leben" kann man auch „Botschafter fürs Leben" werden, was von Prominenten, von Sportlern und vielen anderen genutzt wird. Auch der normale Bürger darf mitmachen und sein Konterfei auf der Seite verewigen.[74] Scheinbar haben aber nicht alle Botschafter einen Organspendeausweis, da es noch eine Extraseite für Ausweisinhaber gibt.

Die Schirmherrin der Aktion ist Angela Merkel.[75] Mit einem gewinnenden Lächeln fordert sie uns auf, darüber nachzudenken, ob wir für Organspende infrage kommen.

Um uns zu einer positiven Antwort zu bewegen, werden uns auf der Seite „Mitfühlen" Geschichten

---

[73] http://www.tk.de/tk/pressemitteilungen/archiv-vorjahr/gesund heit-und-service/411314.

[74] http://www.fuers-leben.de/botschafter.html.

[75] http://www.fuers-leben.de/home.html.

von Organempfängern und Wartelistepatienten präsentiert. Auch Angehörige, die froh sind, dass sie die Organe eines ihrer Lieben gespendet haben und damit der Tod noch einen Sinn bekommen habe, werden gezeigt.

Das Deutsche Herzzentrum in Berlin macht immer wieder großartige Werbekampagnen für Organspende. 2009 wurden von *Superman* und *Superfrau* auf riesigen Plakaten, die überall in Berlin zu sehen waren, verkündet: „Das kannst Du auch – Organspenden heißt Leben retten"[76]. Mit einem fröhlichen Augenzwinkern rettet *Superman* eine Frau und *Superfrau* ein kleines Kind. Um solche Helden zu sein, müssen wir nur einen Organspendeausweis ausfüllen.

Kein Wort darüber, dass die Helden, die durch Organspende das Leben retten, dadurch zu Tode kommen und nicht mehr fröhlich lächeln können. Das Ausfüllen des Ausweises macht uns nicht zum Retter, sondern erst die Entnahme der Organe bei lebendigem Leib. Danach gibt es nur noch tote Helden.

Bei der „Aktion Pro" im Jahr 2010 verspricht unter anderem Til Schweiger: „Du bekommst alles von mir", und gleichzeitig fragt er: „Ich auch von Dir?" Alle Organe, die er geben will, werden aufgezählt. Andere Stars und Sternchen beteiligten sich ebenfalls an dieser Aktion. Diese Kampagne wurde unter anderem von der Techniker Krankenkasse, der Telekom, der Deutschen Bahn und vor allem von der Firma Pfizer, einem der größten Pharmaunternehmen

---

[76] http://www.dhzb.de/aktuell/presse/detail/ansicht/pressedetail/auftakt_der_organspende_kampagne_des_dhzb/.

der Welt, gesponsert. Allein in Deutschland werden jährlich für Medikamente, die zur Verhinderung der Abstoßung eines transplantierten Organs lebenslang eingenommen werden müssen, 1,6 Milliarden Euro ausgegeben.[77] In diesem Jahr gibt es wieder eine neue Kampagne der BZgA und des Bundesgesundheitsministeriums. Sie wird von Prominenten wie zum Beispiel dem Tatortkommissar Klaus J. Behrendt oder Markus Lanz unterstützt und lautet: „Das trägt man heute – Organspendeausweis". Gleichzeitig gibt es einen Blog „Organspende_Geschichten"[78]. So soll das Vertrauen in die Transplantationsmedizin gestärkt und die Organspendebereitschaft gefördert werden.

Seit vielen Jahren wird immer wieder darauf verwiesen, dass 12 000 Menschen auf Spenderorgane warten und täglich drei sterben, weil keine Organe zur Verfügung stehen. Die Patienten sterben nicht, weil keine Organe da sind, sondern weil sie schwer krank sind.

Mit Schlagworten wie „Organspende rettet Leben", „Organspende ist ein Akt der Nächstenliebe" und mit der Androhung, dass man schneller in die Lage kommen kann, ein Organ zu benötigen als eines zu spenden, sollen wir gefügig gemacht werden und einen Organspendeausweis ausfüllen.

---

[77] Freia Peters, *Die große Angst vor der Vorverlegung des Todes*, in: „Die Welt", 13.1.2013, http://www.welt.de/politik/deutsch land/article112732112/Die-grosse-Angst-vor-der-Vorverlegung-des-Todes.html.

[78] http://www.organspende-geschichten.de/.

Werbung gibt es im großen Rahmen, aber eine wahrheitsgemäße Aufklärung findet man auf den offiziellen Seiten der Krankenkassen, der DSO oder des Gesundheitsministeriums nicht.

GIBT ES ALTERNATIVEN?

Die Transplantation wird meist als die einzige Möglichkeit zur Lebensrettung hingestellt. Es gibt in vielen Fällen aber auch Alternativen. So wurde im Jahr 2002 einem Patienten im Deutschen Herzzentrum in Berlin das neu entwickelte Kunstherz „Incor I" eingepflanzt, da kein Spenderherz zu bekommen war. Der Patient erholte sich und lebt heute mit seinem eigenen Herzen. Es ist bekannt, dass sich rund ein Drittel der Patienten mit dem Kunstherzen wieder erholen. Sie brauchen auch keine Medikamente mehr.[79]

In der Tiermedizin gibt es das Präparat Primobendan (Vetmedin[R]), das für die Behandlung der dilatativen Kardiomyopathie, einer krankhaften Herzerweiterung, beim Hund mit großem Erfolg eingesetzt wird. Das Präparat gehört zur Gruppe der „Calcium Sensitizer". In der Humanmedizin wird Levosimedan (Simdax[R]), welches zur gleichen Gruppe gehört, in der Kurzzeitbehandlung der dekompensierten chronischen Herzinsuffizienz mit Erfolg eingesetzt.[80] Dieses Präparat gibt es nur als Infusionslösung.

---

[79] Freia Peters, *Die große Angst vor der Vorverlegung des Todes,* in: „Die Welt", 13.1.2013, http://www.welt.de/politik/deutsch land/article112732112/Die-grosse-Angst-vor-der-Vorverlegung-des-Todes.html.

[80] *Akute Herzinsuffizienz: Calcium Sensitizer mit neuem Wirkmechanismus,* in: „Deutsches Ärzteblatt", 2000, 97, 36, A–2332, B–1892, C–1736.

Mit dem Hinweis auf mögliche Nebenwirkungen ist Primobendan in Europa und Amerika nur in der Veterinärmedizin zugelassen.

Als einzige kausale Therapie einer Kardiomyopathie wird in medizinischen Lehrbüchern eine Herztransplantation empfohlen.[81] In Japan ist die sogenannte postmortale Organspende, das heißt die Organentnahme von für hirntot erklärten Patienten, nicht unumstritten. Hier wird Primobendan erfolgreich bei der Behandlung von Patienten mit einer Kardiomyopathie eingesetzt.[82] Die Therapie ist außerdem sehr kostengünstig.

---

[81] http://flexikon.doccheck.com/de/Kardiomyopathie.

[82] Kato K., *Clinical Efficacy and Safety of Pimobendan in Treatment of Heart Failure – Experience in Japan Cardiology*, 1997, 88 (Suppl. 2), 28–36, DOI: 10.1159/000177482 file://localhost/Users/reginabreul/Aktuell%201111/Aktuell/Bioethik%20/Symposium %20Dresden/Primobendan/produkte.asp.html.

ZU VIELE TRANSPLANTATIONSZENTREN IN DEUTSCHLAND?

Im Jahr 2012 gab es in Deutschland eine Reihe von Transplantationsskandalen, die dazu führten, dass die Organspenden weiter zurückgingen. In mehreren Kliniken waren Manipulationen im Zusammenhang mit Lebertransplantationen aufgedeckt worden. Es zeigte sich, dass es in Deutschland zu viele Transplantationszentren gibt. Nach Aussagen des hauptamtlichen Vorstandes der DSO, Dr. Rainer Hess, ist die Zahl der Zentren mit 50 viel zu hoch.[83] Da Kliniken an Transplantationen sehr viel verdienen, wird vonseiten der Verwaltungen Druck auf die Ärzte ausgeübt, möglichst viele Transplantationen durchzuführen. Dadurch kommt es zu einem regelrechten Wettbewerb um die knappen, für die Transplantation verfügbaren Organe.

Gleichzeitig fordert der DSO-Chef von der Bundesärztekammer eine Änderung der Richtlinien zur Organvergabe. Nicht mehr der Patient, der das Organ am nötigsten braucht, also der Schwerkranke, der dem Tod geweiht ist, sondern der Patient, der am längsten damit leben wird, soll in Zukunft das Organ bekommen.

---

[83] Stiftung Organtransplantation fordert Reformen, in: „Stern.de", 1.6.2013, http://www.stern.de/news2/aktuell/stiftung-organ transplantation-fordert-reformen-2019032.html.

54

Im November 2012 war in der „ÄrzteZeitung" zu lesen, dass ein falsch verstandenes Prestigedenken unter Ärzten dazu führe, dass Operateure nach Gelegenheiten suchen zu transplantieren.[84]

Der Präsident der Bundesärztekammer, Frank Ulrich Montgomery, lehnt eine staatliche Kontrolle der Transplantationsmedizin ab.[85] Nach Bekanntwerden der Skandale im letzten Sommer hatte der Präsident ein Gremium der Bundesärztekammer zur Überprüfung der Vorfälle eingesetzt. Die Ergebnisse sollten vor dem Hochsommer bekannt gegeben werden. Bisher wurden nur die Lebertransplantationszentren überprüft. Obwohl die grobe Fassung des Berichtes schon fertig ist, hat Montgomery die Vorlage auf die Zeit nach der Bundestagswahl und der Bayerischen Landtagswahl verschoben. Einzelnen Zentren wurde der Bericht schon vorgelegt. Sie versuchen, vor der Endredaktion die gegen sie vorgebrachten Vorwürfe zu entkräften.[86] Nach den Leberprogrammen sollen auch alle anderen Transplantationsprogramme nach und nach überprüft werden.

---

[84] *Debatte um Zahl der Zentren,* in: „ÄrzteZeitung", 26.11.2012, http://www.aerztezeitung.de/politik_gesellschaft/organspende/article/827387/transplantation-debatte-zahl-zentren.html.

[85] *Kontrolle in der Transplantationsmedizin: Bahr will Länder stärker beteiligen,* in: „aerzteblatt.de", 27.8.2012, http://www.aerzteblatt.de/nachrichten/51411/Kontrolle-in-der-Transplantationsmedizin-Bahr-will-Laender-staerker-beteiligen.

[86] *Organspendeskandal: Prüfbericht erscheint erst im Herbst,* in: „SpiegelOnline Gesundheit", 10.6.2013, http://www.spiegel.de/gesundheit/diagnose/organspendeskandal-pruefbericht-der-baek-erst-im-herbst-a-904710.html.

MASSNAHMEN ZUR STEIGERUNG
DER SPENDERZAHLEN

Das ausdrückliche Ziel des geänderten Transplantationsgesetzes ist es, „§ 1 [...] die Bereitschaft zur Organspende in Deutschland zu fördern".[87] Das Gesetz sieht eine breite Aufklärung der Bevölkerung über die Möglichkeiten der Organ- und Gewebespende vor. Leider erfolgt diese Aufklärung nur im Hinblick auf den Organempfänger. Unbequeme Tatsachen, welche die Spendenwilligkeit der Bürger negativ beeinflussen könnten, werden verschwiegen.

Schon vor der Gesetzesänderung wurden viele Anstrengungen zur Erhöhung des Organaufkommens unternommen.

Seit Inkrafttreten des Transplantationsgesetzes im Jahr 1997 sind die Krankenhäuser nach § 11, Absatz 4, verpflichtet, potenzielle Organspender dem zuständigen Transplantationszentrum zu melden. Dieser Meldepflicht kamen die Kliniken jedoch nicht so nach, wie man es erhoffte. Im Sommer 2000 wurde in der „ÄrzteZeitung" die Frage gestellt: „Blockieren Krankenhäuser die Entnahme von Organen?"[88]

---

[87] „Bundesgesetzblatt", *Gesetz zur Regelung der Entscheidungslösung im Transplantationsgesetz,* Jahrgang 2012, Teil I, Nr. 33, ausgegeben zu Bonn am 18.7.2012, S. 1504.

[88] A. Krüger, *Organtransplantation/ VdAK Westfalen-Lippe sucht Dialog mit Kliniken. Blockieren Krankenhäuser die Entnahme von Organen?*, in: „ÄrzteZeitung Online", http://www.aerztezei

In einer weiteren Fassung des TPG aus dem Jahr 2007 wurde mindestens ein Transplantationsbeauftragter in jedem infrage kommenden Krankenhaus gefordert. Seit der Novellierung des Transplantationsgesetzes 2012 ist jedes Krankenhaus mit Intensivstation verpflichtet, Transplantationsbeauftragte zu benennen.

In vielen Kliniken sind inzwischen Chef- oder Oberärzte der Intensivstation, der Anästhesieabteilung oder der neurologischen Abteilung gleichzeitig die Transplantationsbeauftragten.[89, 90]

Der Hirntod muss nach den Richtlinien der Bundesärztekammer von zwei qualifizierten Ärzten unabhängig voneinander festgestellt werden. Auf eine Anfrage bei der Bundesärztekammer (BÄK), ob der Transplantationsbeauftragte einer dieser beiden Ärzte sein darf, wurde in einem Schreiben von der Pressestelle der BÄK vom 05.4.2012 mitgeteilt: „Der Transplantationsbeauftragte ist in die Organspende eingebunden; er scheidet als Arzt für die Hirntoddiagnostik aus."

In der Realität hält man sich allerdings oft nicht daran.

---

tung.de/docs/2000/06/14/108a0801.asp?nproductid=1144&na rticleid=107836, Stand 10.8.2000.

[89] https://www.schoen-kliniken.de/ptp/kkh/aib/faz/neurologie/team/personal/02655/.

[90] http://www.wormatia.de/news/aktuell/news-detailseite/artikel/wormatia-worms-und-klinikum-worms-starten-zum-heimspiel-gegen-mainz-05-ii-die-aktion-pro-organspe.html.

Im Jahr 2009 verabschiedeten das Bundesministerium für Gesundheit, die Deutsche Krankenhausgesellschaft (DKG) und die Deutsche Stiftung Organtransplantation (DSO) Leitlinien für eine effiziente Verbesserung der Zusammenarbeit zur Förderung der Organspende.[91] Die Zusammenarbeit zwischen den Krankenhäusern und der DSO sollte zur Steigerung der „postmortalen" Organspende verbessert werden.

Im Juli 2010 schlossen sich 111 der rund 150 Krankenhäuser und Universitätskliniken mit einer neurochirurgischen Intensivstation einem Pilotprojekt zur Steigerung der Organspende an. Dieses Pilotprojekt wurde von der Deutschen Stiftung Organtransplantation (DSO) finanziert. Sie ließ ein Forschungsgutachten vom Deutschen Krankenhausinstitut (DKI) erstellen. Im Oktober 2012 wurde dieses Gutachten vorgelegt.[92]

Das erklärte Ziel dieser Studie ist die Suche nach effektiven Maßnahmen zur Erhöhung der Spenderraten.

Besonders aufschlussreich ist der Punkt „Mitarbeitersensibilisierung". Darunter werden alle Maßnahmen verstanden, die eine „rechtzeitige und umfassende Spenderidentifikation gewährleisten".

Das Krankenhausinformationssystem soll ständig nach möglichen Spendern durchforstet werden. Generalstabsmäßig soll auf den Intensivstationen nach

---

[91] Pressemeldung vom 20.7.2009, Bundesministerium für Gesundheit.

[92] https://www.dki.de/sites/default/files/publikationen/inhouse koordination_bei_organspenden.pdf.

potenziellen Spendern gesucht werden. Auf die Patientendaten soll ein optimierter Zugriff ermöglicht werden. Wörtlich heißt es unter anderem: „Sofortige Darstellung aller Intensivpatienten mit Diagnosen und Kontrolle durch Transplantationsbeauftragten zum Arbeitsbeginn um 7.15 Uhr."[93] Weiterhin steht dort: „Die beiden Transplantationskoordinatoren visitieren täglich die ihnen zugehörigen Intensivstationen, dort Nachfrage nach Spendern." Geht man davon aus, dass die Transplantationskoordinatoren, wie bisher üblich, gleichzeitig auch behandelnde Ärzte sind, kommen doch gewisse Bedenken im Hinblick auf die Prioritäten bei der Einstufung des Patienten. Die Bedenken werden durch folgenden Satz untermauert: „Analyse des Spenderpotenzials: bei Prognose infaust nicht sofortige Therapielimitierung, sondern primär organerhaltende Therapie, neurologische Progredienz zulassen."[94]

Schon bei der Prognose infaust soll eine organerhaltende Therapie eingeleitet werden. Prognosen haben sich schon oft als falsch erwiesen. Das Wohl des Patienten muss an erster Stelle stehen. Organerhaltende Maßnahmen dienen nicht dem Patienten selbst, sondern sie sind fremdnützige Maßnahmen. Der potenzielle Spender oder der mit einer Vorsorgevollmacht Betraute müsste dazu nach vorheriger vollständiger Aufklärung die Zustimmung geben. Fremdnützige und nicht ausdrücklich genehmigte Maßnahmen sind mit dem ärztlichen

---

[93] https://www.dki.de/sites/default/files/publikationen/inhouse koordination_bei_organspenden.pdf, S. 71
[94] Ebd., S. 71.

Ethos nicht vereinbar. Eine Ausnahme stellt die Geschäftsführung ohne Auftrag dar. Diese ist gegeben, wenn eine Maßnahme bei einem nicht einwilligungsfähigen Patienten zur Rettung seines Lebens vorgenommen werden muss. Der Zweck heiligt nicht die Mittel. Skandalös ist die Aufforderung, die neurologische Progredienz zuzulassen. Der Arzt soll also quasi den Hirndruck so lange steigen lassen, bis er den Patienten endlich für hirntot erklären kann.

Organe von alten Menschen

Von älteren Menschen hört man immer wieder das Argument: „Was geht mich das an? Meine Organe kann man doch nicht mehr gebrauchen. Ich bin doch viel zu alt."

Das stimmt leider nicht. In dem Bestreben, immer mehr Organe für immer mehr Tranplantationen zu bekommen, werden immer neue Wege beschritten.

So wurde von Eurotransplant das Europäische Seniorenprogramm (ESP) ins Leben gerufen. Damit sollte Patienten auf der Warteliste, die älter als 65 Jahre alt waren, die Chance gegeben werden, das Organ eines Spenders, der ebenfalls älter als 65 Jahre war, zu bekommen. Damit sollten ältere Patienten die Gelegenheit bekommen, schneller transplantiert zu werden. Inzwischen ist jeder dritte Spender in Bayern älter als 65 Jahre. Die „alten Organe" werden nicht mehr nur älteren Patienten transplantiert.[95] Durch das Programm gibt es mehr Organe für alle Empfänger.

2009 informierte eine Referentin der DSO die Zuhörer in einem DRK-Altersheim in Baden Württemberg darüber, dass das Alter des Spenders keine Rolle spiele. 20 Prozent aller Organe würden bei über 65-Jährigen entnommen. Sie stellte fest: „Die Leber zum Beispiel ist ein ziemlich robustes Organ und kann nach Aussagen unserer Ärzte durchaus 150 Jahre ihren Dienst versehen."[96]

Nach Aussagen von Prof. Dr. Uwe Heemann, dem ehemaligen Vorsitzenden der Deutschen Transplantationsgesellschaft, spielt das Alter der Spender keine Rolle. Der älteste Spender in Deutschland war über 90 Jahre alt und der älteste Spender weltweit sogar über 100.

Im Jahr 2010 trafen sich Mediziner, Ethiker, Philosophen, Politiker, Ökonomen, Theologen und interessierte Vertreter anderer Fachgebiete zu einer internationalen Konferenz unter dem Titel „Ethik in einer alternden Welt" auf der Insel Usedom. Es war ein Austausch über die aktuelle Problematik einer überalternden Gesellschaft.[97]

Fasst man das Ganze kurz zusammen, ging es darum, dass die Menschen immer älter werden, die Rentenkassen leer und die Altenheime voll sind, die Alten Organe haben, die man noch gut transplantieren

---

[95] http://www.medizin4.uk-erlangen.de/e759/e1782/e1849/index_ger.html.

[96] www.szon.de, 21.11.2009.

[97] http://www.ethics-morals.com/aims.htm.

kann und dass man die Organspende durch alte Menschen auch mit Euthanasie verknüpfen kann, wie es in Holland und Belgien schon praktiziert wird. Zu den Sponsoren dieser Veranstaltung, die sich von der Öffentlichkeit fast unbemerkt abspielte, gehörten wieder einmal große Pharmafirmen.

DER HIRNTOD UND DIE MEDIEN

Seit 1985 publiziert die Fernsehjournalistin Silvia Matthies kritische Beiträge zum Thema „Hirntod und Organspende" in der ARD, zum Beispiel bei „Report" und „Bilder aus der Wissenschaft". Für den Beitrag *Grauzone bei Hirntod und Organspende* in „Bilder aus der Wissenschaft" im November 1986 wurde sie für den Grimme-Preis nominiert, bekam dann aber nur den Preis der zum Grimme-Institut gehörenden Marler Gruppe. In „Report München" befasste sie sich 1987 mit dem Thema „Anencephale als Organspender" an der Universitätsklinik Münster. Dies ist eine besonders brisante Thematik, weil Anencephale selbstständig atmen. Schon damals war die Tendenz sichtbar, die Hirntoddefinition auszuweiten. Im Frühjahr 1993 strahlte die ARD, Redaktion Globus im Magazin „GLOBUS – Aus Forschung und Umwelt" erneut einen kritischen Beitrag zum Thema „Hirntod" aus. Im September des gleichen Jahres folgte die Dokumentation „Hirntod und Organspende" im Bayerischen Fernsehen. Im Jahr darauf, im April 1994, wurde von der ARD der Film *Der umkämpfte Tod* ausgestrahlt, in dem auch von Fehldiagnosen bei der Hirntodfeststellung die Rede war. Die Transplantationsmedizin schaltete den Rundfunkrat ein. Der Münchener Herzchirurg, Prof. Dr. Bruno Reichart, hatte das Interview mit Silvia Matthies bei der Frage nach dem Hirntod abgebrochen. Die Fernsehjournalistin und das Team wurden aufgefordert, die Klinik zu verlassen. Daraufhin schaltete er die Programmdirektion ein, gab aber dann doch noch ein Statement ab, allerdings ohne lästige Nachfragen der Autorin oder eines anderen Journalisten. Aber auch sein eigenes, ungeschnittenes Statement stellte ihn nicht zufrieden. Er beschwerte sich „wegen sinnentstellender Kürzungen" beim Rundfunkrat. Die Beschwerde wurde abgewiesen, weil beweisbar war, dass Prof. Reicharts' Statement eins zu eins ausgestrahlt wurde. Die Redaktion wurde allerdings aufgefordert, das Thema „Hirntod" weniger kritisch zu beleuchten, da es sich ja wissenschaftlich unumstritten um den Tod des Menschen handele. Das war allerdings auch schon damals nicht mehr der Fall.

Für den für 1995 geplanten Film *Tot oder lebendig* machte der damalige Programmdirektor Wolf Feller dann der Redaktion „Kirche und Welt" und damit der Autorin strikte Auflagen. Weder Betroffene noch Ärzte oder Krankenschwestern, sondern nur Kirchenleute, Philosophen und Bioethiker sollten in dieser Dokumentation zu Wort kommen. Silvia Matthies umging diese Auflage dadurch, dass sie Betroffene, kritische Ärzte und einen fälschlich als hirntot Diagnostizierten bei kirchlichen Veranstaltungen aufnahm. Der Film wurde im September 1995 vom Bayerischen Fernsehen ausgestrahlt und stieß auf viel Resonanz. Danach verlangte eine Düsseldorfer Anwaltskanzlei, dass der Sender die Aussage, es habe eine Fehldiagnose beim Hirntod gegeben, zurücknehmen sollte. Das lehnte die Redaktion ab. Die Affäre verlief im Sande.

Im Jahr 2001 wurde Frau Matthies unter anderem für diesen Film mit dem IPPNW-Medizinpreis „Medizin und Gewissen" ausgezeichnet.

In der Sendung „Zündstoff" des ZDF konnte man im März 1997, kurz vor der Verabschiedung des Transplantationsgesetzes, die Dokumentation *Nervenkrieg am Sterbebett* sehen, die sich mit psychischem Druck und der Manipulation von Angehörigen befasste, die zu einer Organspende gedrängt wurden.

Anfang der 2000er-Jahre ließen sich immer mehr Pharma-Multis in Bayern nieder.

Ob es nun einen Zusammenhang gibt oder nicht, jedenfalls wurde es in der Folgezeit immer schwieriger, kritische Beiträge zum Thema „Hirntod und Organspende" zu produzieren. 2008 bekam Silvia Matthies von der ARD den Auftrag, einen Film über Gewissenskonflikte bei Klinikseelsorgern zu produzieren. Zu diesen Gewissenskonflikten gehörte unter anderem der Umgang mit hirntoten Patienten und ihren Angehörigen. Die Dokumentation *An der Schwelle zum Tod* wurde im Oktober 2008 in der ARD ausgestrahlt und mehrfach wiederholt.

Die Zeit war offenbar reif, das Thema „Hirntod" umfangreich zu diskutieren. Am 3.9.2008 erschien in der Vatikanzeitung „L'Osservatore Romano" ein hirntodkritischer Artikel der Bioethikerin Lucetta Scaraffia, der für Aufsehen sorgte.[98]

Im Internet wurden in der Folgezeit zunehmend kritische Beiträge und vor allen Dingen Fehldiagno-

---

[98] Lucetta Scaraffia, *I segni della morte. A quarant'anni dal rapporto di Harvard,* in: „L'Osservatore Romano" vom 3.9.2008.

sen veröffentlicht. Amerikanische Wissenschaftler schlugen vor, von der *Dead Donor Rule* abzurücken und die Organentnahme aus lebenden Menschen als *justified killing* zu rechtfertigen. Die Regierung änderte das Transplantationsgesetz mit dem Ziel, die Organspendebereitschaft der Bürger zu erhöhen. Das alles führte dazu, dass es zu einer erneuten Diskussion über den Hirntod kam. So wurde am 19.11.2012 der Beitrag *Tabuthema Hirntod – Zweifel an der Qualität der Hirntoddiagnostik*[99] von Silvia Matthies bei „Report München" von der ARD ausgestrahlt. Renommierte Mediziner kritisieren die fehlende Qualitätssicherung und die unzureichende Ausbildung bei der Hirntoddiagnostik. Es zeigte sich bei der Überprüfung von Hirntoddiagnosen durch erfahrene Neurologen, dass sich in 30 Prozent der Fälle die Diagnosen als falsch erwiesen.

Am 28.5.2013 war ein weiterer Beitrag von Silvia Matthies mit dem Titel *Verwirrung für Organspender – der Konflikt mit der Patientenverfügung* bei „Report München" zu sehen.

Menschen, die intensivmedizinische Maßnahmen am Ende ihres Lebens ablehnen, müssen darüber aufgeklärt werden, dass die Einwilligung zu einer Organspende zu einem Höchstmaß an Intensivtherapie führt.

Doch nicht nur Silvia Matthies beschäftigt sich mit diesem Thema. Seit 2008 erscheinen immer wieder kritische Artikel in renommierten Tageszeitungen

---

[99] http://www.br.de/fernsehen/das-erste/sendungen/report-muenchen/dossiers-und-mehr/tabuthema-hirntod100.html.

66

wie zum Beispiel in der „FAZ" und der „Süddeut-
schen Zeitung".

So brachte der Artikel von Stephan Sahm: *Ist die Organspende noch zu retten?*, der im September 2010 in
der „FAZ" erschien, selbst einige bis dahin vom Hirntod Überzeugte zum Nachdenken.[100] Mehrere Artikel
von Alard von Kittlitz wurden 2012 ebenfalls in der
„FAZ" veröffentlicht.[101, 102] Auch von dem vielfach mit
Journalistenpreisen ausgezeichneten Arzt und Wis-
senschaftsjournalisten Werner Bartens erschien im
Juli 2012 ein Beitrag zu diesem Thema.[103]

---

[100] Stephan Sahm, *Ist die Organspende noch zu retten?*, in: „FAZ";
Feuilleton, 14.9.2010, http://www.faz.net/aktuell/feuilleton/
geisteswissenschaften/hirntod-ist-die-organspende-noch-zu-
retten-1605259.html.

[101] Alard von Kittlitz, *Organspende – Hirntod*, in: „FAZ", Politik,
18.8.2012, http://www.faz.net/aktuell/politik/inland/organspen
de-hirntod-11860677.html.

[102] Alard von Kittlitz, *Organspende – Nur mit dem neuen Herzen
sieht man gut*, in: „FAZ", Politik, 31.10.2012, http://www.faz.net/
aktuell/politik/inland/organspende-nur-mit-dem-neuen-her
zen-sieht-man-gut-11944896.html.

[103] *Todeszeitpunkt und Organspende – Wie tot sind Hirntote?*, in
„Süddeutsche Zeitung", 9.7.2012, http://www.sueddeutsche.
de/gesundheit/todeszeitpunkt-und-organspende-wie-tot-sind-
hirntote-1.12 99076.

WIE STEHEN DIE CHRISTLICHEN KIRCHEN ZUR ORGANSPENDE?

Wenn es um Organspende geht, werden viele Gebote und Gesetze übertreten. Anstelle einer wahrheitsgemäßen Aufklärung steht eine fragwürdige Werbung, die nur den Organempfänger im Auge hat. Den potenziellen Organempfängern wird allerdings auch vieles verschwiegen. Vor der Transplantation werden sie eventuell sogar psychologisch betreut. Nach der Transplantation aber werden sie mit ihren Problemen oft allein gelassen. Ständige Angst vor einer Abstoßung, Nebenwirkungen der Medikamente, die lebenslang eingenommen werden müssen, ein erhöhtes Infektionsrisiko aufgrund der Immunsuppression sind nur einige der Probleme, mit welchen ein Organempfänger leben muss.

Datenschutz und ärztliche Schweigepflicht werden verletzt, wenn schon bei Verdacht auf Hirntod eine namentliche Meldung an die DSO gemacht wird; das lässt sich beweisen.

Der Hirntod ist nicht der Tod des Menschen und obwohl dies inzwischen wissenschaftlich erwiesen ist, wird er als der sicherste Tod überhaupt bezeichnet. Geht man davon aus, dass Organe für die Transplantationsmedizin benötigt werden, bleibt nur das von Truog geforderte *justified killing*.

Für die christlichen Kirchen wäre dies allerdings eine Unmöglichkeit. Das 5. Gebot heißt: „Du sollst nicht töten." Somit wäre die Organentnahme aus einem noch lebenden Menschen nicht möglich.

Von Anfang an versuchte die Transplantationsmedizin, zur Durchsetzung ihrer Ziele die Kirchen zu Verbündeten zu machen. So erklärte Kardinal Lehmann, dass die Transplantationsmediziner die Kirchen darum baten, bei den Gläubigen Werbung für Organspende zu machen. Er berichtete darüber, dass Prof. Dr. Rudolf Pichelmayr, ein Mann der ersten Stunde, ihn über alles aufgeklärt habe.[104] Prof. Pichelmayr sagte einmal: „Wenn die Leute die Wahrheit erfahren, bekommen wir keine Organe mehr."[105]

Die katholische Kirche tritt für den Schutz des Lebens ein. Im *Katholischen Erwachsenenkatechismus*, der von der Deutschen Bischofskonferenz herausgegeben wurde, steht sehr präzise:

„Je weniger ein Mensch sein Leben selbst schützen kann, umso mehr bedarf es eines Schutzes durch die Mitmenschen und durch die Gesellschaft. Aus der Einsicht, dass jedes Menschenleben Würde und Wert besitzt, setzt sich die Kirche für das schwache und hilflose menschliche Leben ein."[106]

---

[104] Kardinal Lehmann, *Zur Ethik der Organspende und der Transplantation: Perspektiven aus der Sicht von Theologie und Kirche*, Vorlesung in der Universität Mainz im Rahmen der Nachtvorlesungen zu Fragen der Organspende und Transplantation am 14.7.2005, Hörsaal der Chirurgie in Mainz, http://www.bistummainz.de/bistum/bistum/kardinal/texte/texte_2005/organspende.html.

[105] Renate Greinert, *Konfliktfall Organspende – Unversehrt sterben! Der Kampf einer Mutter*, Kösel Verlag 2008, S. 66.

[106] *Katholischer Erwachsenenkatechismus*, Zweiter Band, *Leben aus*

Im *Katechismus der Katholischen Kirche* steht unter dem Punkt „Abtreibung" in Nr. 2271[107]: „Das menschliche Leben ist vom Augenblick der Empfängnis an absolut zu achten und zu schützen. Schon im ersten Augenblick seines Daseins sind dem menschlichen Wesen die Rechte der Person zuzuerkennen, darunter das unverletzliche Recht jedes unschuldigen Wesens auf das Leben". Dort steht weiter in Nr. 2273[108]: „Das unveräußerliche Recht jedes unschuldigen Menschen auf das Leben bildet ein grundlegendes Element der bürgerlichen Gesellschaft und ihrer Gesetzgebung. […] Unter diese fundamentalen Rechte muss man in diesem Zusammenhang zählen: das Recht auf Leben und leibliche Unversehrtheit jedes menschlichen Wesens vom Augenblick der Empfängnis an bis zum Tod."

Im Absatz „Achtung des Menschen und wissenschaftliche Forschung" findet man unter Nr. 2296 auch eine klare Aussage zur Organverpflanzung: „Organverpflanzung ist sittlich unannehmbar, wenn der Spender oder die für ihn Verantwortlichen nicht im vollem Wissen ihre Zustimmung gegeben haben. […] Die Invalidität oder den Tod eines Menschen direkt herbeizuführen, ist selbst dann sittlich unzulässig, wenn es dazu dient, den Tod anderer Menschen hinauszuzögern."[109]

Inzwischen gibt es auch ein *Kompendium des Kate-*

---

dem Glauben, herausgegeben von der Deutschen Bischofskonferenz, Verlag Herder.

[107] http://www.vatican.va/archive/DEU0035/_P86.HTM.
[108] Ebd., Nr. 2273.
[109] Ebd., Nr. 2296.

chismus der Katholischen Kirche, welches 2005 von Papst Benedikt XVI. approbiert wurde. Auch hier finden sich diese Aussagen.

Geht man davon aus, dass es inzwischen eine anerkannte Tatsache ist, dass für hirntot erklärte Menschen nicht tot sind, da man Organe von Toten nicht verpflanzen kann, müsste sich die Kirche ganz klar gegen die Entnahme von Organen aus noch lebenden Menschen aussprechen. Der Tod wird durch die Organentnahme herbeigeführt. Nach Nr. 2296 ist dies sittlich unzulässig.

Gehen wir davon aus, dass der für hirntot erklärte Patient allenfalls ein irreversibel Sterbender ist, findet sich auch hierfür eine klare Aussage im *Katechismus der Katholischen Kirche.*

In Nr. 2299 wird erklärt: „Sterbenden soll Aufmerksamkeit und Pflege zuteil werden, um ihnen zu helfen, die ihnen noch verbleibende Zeit in Würde und Frieden zu leben."[110] Noch klarer ist es im *Kompendium* formuliert: „Sterbende haben ein Recht darauf, die letzten Momente ihres irdischen Daseins in Würde zu leben. Man soll ihnen vor allem durch das Gebet und die Sakramente beistehen, die auf die Begegnung mit dem lebendigen Gott vorbereiten."[111]

Der für hirntot erklärte Patient stirbt auf dem Operationstisch. Es gibt erschütternde Berichte von Ärzten und Pflegekräften, die an Organentnahmen beteiligt waren. Eine solche Explantation lässt sich mit einem Lebensende in Würde nicht vereinbaren.

---

[110] http://www.vatican.va/archive/DEU0035/_P86.HTM, Nr. 2299.
[111] *Kompendium des Katechismus der Katholischen Kirche,* Pattloch Verlag 2005, S. 171, Nr. 478.

Obwohl die Aussagen im *Katechismus der Katholischen Kirche* ganz klar sind, scheinen sich viele Theologen nicht an diese für Katholiken verbindlichen Aussagen zu halten. Sie machen sich zu Steigbügelhaltern für die Transplantationsmedizin.

So sprechen sie dem Hirntoten, bei dem nur drei Prozent seines Körpers, nämlich das Gehirn, möglicherweise irreversibel versagen, das Recht auf das Personsein ab.

Der Freiburger Moraltheologe und stellvertretende Vorsitzende des Deutschen Ethikrates, Prof. Dr. Eberhard Schockenhoff, erklärte bei einer Sitzung desselben am 21.3.2012, dass der Hirntote nur durch die Beatmungsmaschine am Leben erhalten werde. Da es sich nicht um eine bewusste, selbstbestimmte Reaktion handele, könne man einen Hirntoten nicht mehr als lebendige Person bezeichnen.[112]

Ähnlich argumentiert Prof. Dr. Josef Spindelböck in dem von ihm verfassten Artikel: *Sittliche Kriterien der Organspende beim Menschen.* Dieser Artikel wurde 2009 in „Studia Moralia" veröffentlicht.[113] Er beruft sich auf Dr. Johann Friedrich Spittler, der gesagt hat: „Nach Eintritt des dissoziierten Hirntodes sind mit dem Verlust der Gesamtfunktion des Gehirns alle, selbst das einfachste geistig-seelische Vermögen irreversibel erloschen. Damit ist der Mensch in seinem individuellen Menschsein tot. Es bleibt ein entschei-

---

[112] http://www.ethikrat.org/veranstaltungen/forum-bioethik/hirntod-und-organentnahme, Audioprotokoll.

[113] Josef Spindelböck, *Sittliche Kriterien der Organspende beim Menschen,* „Studia Moralia", 27, 2009, S. 237–264.

dend unvollständiger Organismus, ein ,noch überlebender übriger Körper'."[114]

Diese Argumente werden von vielen unkritisch übernommen. Während die befruchtete Eizelle eine Person ist, deren Leben geschützt werden muss, ist der für hirntot erklärte Patient, bei dem drei Prozent des Körpers möglicherweise irreversibel geschädigt sind, keine Person mehr. Da er keine Person mehr ist, gilt er als eine Leiche, welcher man ungestraft die Organe entnehmen kann. Sehen die Moraltheologen nicht, auf welch gefährlichen Weg sie sich begeben? Die Messlatte für die Definition, wer eine Person ist oder nicht, kann nach Belieben verschoben werden.

Bei einer Abendveranstaltung der „Katholischen Akademie in Bayern" am 31.12.2012[115] betonte der Münchener Moraltheologe Prof. Dr. Konrad Hilpert, dass es keine Verpflichtung zur Organspende gebe. Er erklärte weiter, Organspende sei eine supererogatorische Handlung. Bei einer Fachtagung in der „Katholischen Akademie in Bayern" zum Thema „Hirntod" am 1.3.2013 erklärte er, was damit gemeint ist. Er sagte, dass ein Arzt, der seinen wohlverdienten Urlaub opfere, um in einem Entwicklungsland zu arbeiten, eine supererogatorische Handlung begehe. Dieser Vergleich ist nicht nachzuvollziehen, da der Arzt normalerweise nach seinem Arbeitseinsatz wieder lebend zurückkehrt. Er opfert Zeit und nicht sein Leben beziehungsweise sein Sterben in Würde und Geborgenheit.

---

[114] http://stjosef.at/artikel/organspende_ethisch.htm.
[115] http://www.kath-akademie-bayern.de/ausgabe/2012/2.html.

Prof. Dr. Heinz Angstwurm war als medizinischer Experte zum Thema „Hirntod" ebenfalls eingeladen. Beim Kauf der Eintrittskarte bekam man einen von Angstwurm verfassten Handzettel zur Feststellung des Todes. Die dort aufgezählten Fakten sind inzwischen wissenschaftlich widerlegt. Beim Vortrag verwies er auf diesen Zettel und auf die Internetseite der Bundesärztekammer zur Feststellung des Hirntodes. Im weiteren Verlauf seines Vortrages und in der anschließenden Diskussion erklärte er den Zuhörern, dass Gott dem ersten Menschen den Odem des Lebens in die Nase geblasen habe. Dabei sei die Seele in das Gehirn gekommen. Warum, das wisse er auch nicht. Aber es sei eine Tatsache. Daher habe der Hirntote keine Seele mehr und sei somit eine Leiche. Neue wissenschaftliche Erkenntnisse zum Thema „Hirntod" werden von Angstwurm vehement negiert.

Erschreckend ist auch die Unkenntnis der selbsternannten Experten. Prof. Dr. Wilhelm Vossenkuhl, der die Veranstaltung in der Akademie moderierte, erklärte, dass der Hirntod durch ein zweimaliges Null-Linien-EEG festgestellt werde und damit absolut sicher sei. Wie im Kapitel „Feststellung des Hirntodes" schon ausgeführt, wird ein EEG nur verlangt, wenn die Zeit bis zur Wiederholung der klinischen Untersuchung nicht abgewartet werden soll. Meist wird ein EEG nicht gemacht und außerdem hat es nur eine geringe Aussagekraft, da nur zwei Millimeter der Hirnoberfläche erfasst werden und die Ableitungen äußerst störanfällig sind.

Weihbischof Dr. Dr. Anton Losinger, der auch Mitglied des Deutschen Ethikrates ist, setzt sich mit großem Engagement für den Schutz des werdenden Lebens ein. Trotz fundierten Wissens zur Hirntodproblematik nimmt er immer wieder an Aktionen zur Förderung der Organspende teil.

So sagte er am 13.6.2013 bei einer Veranstaltung in Pfaffenhofen an der Ilm,[116] „dass die Bereitschaft zur Organspende von der Kirche als ein ‚Ausdruck der Solidarität und Nächstenliebe' gesehen wird, ‚die einem von schwerer Krankheit und Tod bedrohten Mitmenschen über den Tod hinaus entgegengebracht wird'. Wichtiges Kriterium dafür müsse aber die Freiwilligkeit in der Entscheidungsfindung sein, so der Weihbischof. Die Kirche sagt ein deutliches Ja zur Organspende, ‚denn unser Gott ist ein Freund des Lebens', so der Weihbischof. Auch der *Katechismus der Katholischen Kirche* (KKK) gebe dazu in Nr. 2296 seine ausdrückliche Zustimmung."

Losinger beruft sich auf Nr. 2296. Dort heißt es allerdings: „Organverpflanzung ist sittlich unannehmbar, wenn der Spender oder die für ihn Verantwortlichen nicht im vollem Wissen ihre Zustimmung gegeben haben", und weiter: „Die Invalidität oder den Tod eines Menschen direkt herbeizuführen, ist selbst dann sittlich unzulässig, wenn es dazu dient den Tod anderer Menschen hinauszuzögern."[117]

---

[116] http://www.bistum-augsburg.de/index.php/bistum/Nachrichten/Eine-neue-Aussicht-auf-Leben-Podiumsdiskussion-zum-Thema-Organspende-in-Pfaffenhofen-an-der-Ilm_id_184125.

[117] *Katechismus der Katholischen Kirche* (KKK), St. Benno 2007, Nr. 2296.

Diesen Absatz kann ich nicht im Sinne von Losinger interpretieren. Ich sehe hier keine „ausdrückliche Zustimmung". Außerdem wird der Tod des „Spenders" durch die Organentnahme direkt herbeigeführt.

Erfreulicherweise gibt es auch Bischöfe, die den Hirntod hinterfragen. Schon im September 1996 erklärte Joachim Kardinal Meisner: „Die Identifikation des Hirntods mit dem Tod des Menschen ist aus christlicher Sicht beim derzeitigen Stand der Debatte nicht mehr vertretbar. Der Mensch darf nicht auf seine Hirnfunktion reduziert werden. Weder kann man daher sagen, der Hirntod bedeute den Tod noch ist er ein Todeszeichen. Er ist auch nicht der Todeszeitpunkt."[118]

Am 5.3.2012 erschien in der „Tagespost" ein kritischer Artikel des Fuldaer Bischofs Heinz Algermissen. Der Spender im Hirnversagen war für ihn ein Sterbender, aber noch lebender Mensch. Er forderte „Aufklärung, um eine Gewissensentscheidung vor Gott vertreten zu können".[119]

Leider wurde der Bischof knapp vier Wochen später von Ärzten des Klinikums Fulda und Moraltheologen, die den Hirntod befürworten, wieder auf die richtige Linie gebracht.[120] Er hob die „Bedeutung der Organspende als eine große ethische Leistung hervor".

---

[118] Ilse Gutjahr, Mathias Jung, *Sterben auf Bestellung*, Emu 1997, S. 134.

[119] http://katholisch-informiert.ch/2012/03/hirntod-ein-irrefuhren der-begriff/.

[120] „Fuldainfo" – News, Hessen Regionales, *Konstruktiver Dialog im Bischofshaus zum sensiblen Thema „Organspende"*, 5.4.2012.

Weiter heißt es: „Der Kommentar habe zum Diskurs über Fragen im Zusammenhang mit der Organspende anregen, nicht aber für Verunsicherungen bei Betroffenen sorgen sollen, stellte Algermissen unmissverständlich klar."

Rainer Maria Kardinal Woelki hat in seiner Osterbotschaft 2012 zum Schutz des Lebens aufgerufen. Er forderte eine „transparente Debatte" über den Todeszeitpunkt des Menschen. Er forderte dazu auf, das umstrittene Hirntodkriterium zu überprüfen. Er betonte: „Denn der Mensch darf niemals als Mittel zum Zweck missbraucht werden, auch wenn das Ziel ein noch so hehres ist, wie das Leben eines Anderen zu retten oder zu verlängern."[121]

Der Psychiater, Diplomtheologe und Bestsellerautor Dr. Manfred Lütz aus Köln erklärte am 14.12.2011 bei einem Interview mit Domradio Köln: „Und in der Tat ist aus meiner Sicht der Hirntod nicht der eigentlich Tod des Menschen, allerdings ein Zeitpunkt, zu dem man Organe entnehmen kann, ohne dass man ihn tötet.[122]

Ist das ein Einverständnis mit dem von Ralf Stoecker beschriebenen Zwischenzustand zwischen Leben und Tod? Ralf Stoecker ist Professor für Philosophie mit Schwerpunkt Angewandte Ethik. Bei einer Sitzung des Deutschen Ethikrates berief er sich auf den Bioethiker Dieter Birnbacher, der seit Jahren in Gremien der Bundesärztekammer mitwirkt, und

---

[121] „Katholische Sonntagszeitung", 14./15.4.2012, Nr. 15.

[122] http://www.domradio.de/nachrichten/2011-12-14/dr-luetz-ueber-die-fehlende-bereitschaft-organe-zu-spenden-und-die-unsicherheit-der-angehoerigen.

stelle fest: „Aus ethischer Perspektive sind die Hirntoten also weder einfach tot noch sind sie einfach am Leben. Sie befinden sich in einem Zwischenstadium zwischen Leben und Tod, für das sich eigene ethische Verpflichtungen formulieren lassen, mit Blick auf die Aspekte, in denen sie noch wie Lebende oder schon wie Tote sind."[123] Er fährt fort: „Und weil man ihnen kein Leid mehr antun, sie keiner Zukunft mehr berauben kann, und weil auf der anderen Seite die Organempfänger erheblich von der Transplantation profitieren, darf man ihnen Organe entnehmen, und das, obwohl es dazu führt, dass sie ihren Zustand zwischen Leben und Tod beenden und aus den hirntoten tote Menschen werden."

Bei vielen Werbeveranstaltungen für die Organspende kam vor allem in der Zeit des Pontifikates von Papst Benedikt XVI. das Argument, sogar der Papst sei Organspender. Das sei der Beweis, dass die Kirche voll und ganz hinter dieser großmütigen Tat der über den Tod hinausgehenden Nächstenliebe stehe. So sollte auch der letzte Christ überzeugt werden. Sogar Menschen, die sonst Kirche und Papst gegenüber eher ablehnend sind, benutzten dieses Argument. Im November 2010 fragte der Vertreter des Bundes Katholischer Ärzte, Dr. Gero Winkelmann, im Vatikan nach, ob es der Wahrheit entspreche, dass der Heilige Vater einen Organspendeausweis habe. Anlass für die Frage war ein Artikel in der „Regensburger Bis-

---

[123] http://www.ethikrat.org/dateien/pdf/fb-21-03-2012-stoecker-referat.pdf.

tumszeitung" vom 6./7. November 2010. In einem Schreiben vom 5.1.2011 wurde Dr. Gero Winkelmann von Msgr. Gänswein Folgendes mitgeteilt:

„Sehr geehrter Herr Dr. Winkelmann,
im Auftrag von Papst Benedikt XVI. antworte ich auf Ihr Schreiben vom 8. November 2010, in dem Sie sich nach dem Organspendeausweis des Heiligen Vaters erkundigen.

Es trifft zu, dass der Heilige Vater einen Organspendeausweis besitzt. Aber entgegen mancher öffentlicher Behauptung ist der aus den 70er-Jahren stammende Organspendeausweis mit der Wahl Kardinal Ratzingers zum Oberhaupt der Katholischen Kirche ipso facta hinfällig geworden. Jede Berufung auf das ungültig gewordene Dokument ist deshalb verfehlt. Das gilt auch und gerade für die von Ihnen zitierten Aussagen in der Regensburger Bistumszeitung (6./7.11.2010, Seite 3)."

Nach Aussagen eines Freundes von Kardinal Ratzinger, hatte dieser in den 70er-Jahren einen Organspendeausweis, weil er bereit war, seine Hornhaut nach seinem Tode zu spenden.

Am 3.9.2008 horchten die Hirntodkritiker auf. Im „L'Osservatore Romano" erschien ein brisanter Artikel von Lucetta Scaraffia unter dem Titel: *Die Todeszeichen*. Hierin wurde angezweifelt, dass das Ende der Hirnfunktionen genüge, um den Tod einer Person festzustellen.[124] Damit wurde eine neue Diskussion

---

[124] http://www.katholisches.info/2008/09/22/hirntod-vatikanische-bedenken-gegen-neudefinition-des-todes-lebende-nicht-wie-kadaver-behandeln/.

über die Organentnahme aus „warmen Kadavern"[125]
bei noch schlagendem Herzen ausgelöst. Dieser Artikel sorgte für viel Aufsehen und heftige Kritik. Igna-
zio Marino, der Senator der *Partito Democratico*,
nannte den Artikel einen „unverantwortlichen Akt,
der riskiert, die Möglichkeit, dank der Organspenden Hunderttausende Leben zu retten, zu gefährden".[126]

Vom 6. bis 8. November 2008 fand im Vatikan der
internationale Kongress „A Gift for Life" statt. Teilnehmer aus allen fünf Kontinenten nahmen daran
teil. Der Kongress wurde von der Weltdachorganisa-
tion der Ärzte mit Sitz im Vatikan, zusammen mit
der „Päpstlichen Akademie für das Leben" und dem
italienischen „Centro Nationale Trapianti" organi-
siert.[127]

Es waren Seelsorger, Ärzte, Verantwortliche in
Ethikkommissionen, Moraltheologen, Philosophen,
Bioethiker, Juristen, Pro-Life NGOs und politisch Verantwortliche eingeladen, um die „differenzierte Haltung der Kirche kennenzulernen". Der Kongress wurde von der Firma Novartis gesponsert. Auch diese
Pharmafirma gehört zu den großen Nutznießern der
Transplantationsmedizin. Milliarden werden im Jahr
mit den Medikamenten, welche die Organabstoßung
verhindern, verdient. Von Papst Benedikt wurde eine

---

[125] http://www.katholisches.info/2008/09/22/hirntod-vatikanische-
bedenken-gegen-neudefinition-des-todes-lebende-nicht-wie-
kadaver-behandeln/.
[126] „La Repubblica", 3.9.2008.
[127] http://www.katholisches.info/2008/10/08/a-gift-for-life-consi
derations-on-organ-donation/.

Stellungnahme der Kirche zur Organspende erwartet. In seiner Eröffnungsrede am 7. November 2008 erklärte Papst Benedikt XVI. ganz klar, dass lebensnotwendige unpaare Organe nur *ex cadavere,* das heißt aus einer Leiche genommen werden dürfen.[128]

Die Hirntodkritiker fühlten sich ebenso bestätigt wie die Hirntodbefürworter.

Für Letztere ist der Hirntote eine Leiche. Die Haltung der Kirche ist also völlig unklar und verwirrend.

Ein Zeuge der Entwicklung, die zu solcher Verwirrung führte, ist der österreichische Rechtshistoriker Prof. Dr. Wolfgang Waldstein. Er war ab dem 31.5.1994 Mitglied der „Päpstlichen Akademie für das Leben" und gehört inzwischen zu den emeritierten Mitgliedern dieser Akademie. 1999 wurde er als Mitglied des *Consiglio Direttivo*[129] der „Päpstlichen Akademie für das Leben" berufen. Diese Mitgliedschaft endete turnusgemäß im Jahr 2004.

In dem folgenden Interview berichtet er über einen Versuch des *Consiglio Direttivo,* Papst Johannes Paul II. zur Anerkennung des Hirntodkriteriums zu bewegen.

---

[128] Hirntod. Vatikanische Bedenken gegen „Neudefinition des Todes" – Lebende nicht wie Kadaver behandeln, Organentnahme, in: „Katholisches.info, Magazin für Kirche und Kultur", 22.9.2008, http://www.vatican.va/holy_father/benedict_xvi/speeches/2008/november/documents/hf_ben-xvi_spe_20081107_acdlife_en.html.

[129] Vorstand.

Ich bin Herrn Prof. Waldstein zu großem Dank verpflichtet, dass er sich die Mühe gemacht hat, meine Fragen mit großer Geduld und Gründlichkeit zu beantworten und dass er auch trotz seines hohen Alters all seine Kräfte mobilisiert, um sich weiterhin für den Schutz des Lebens einzusetzen, zum Wohl unserer Gesellschaft.

Regina Breul

ZWEITER TEIL

REGINA BREUL IM GESPRÄCH MIT
WOLFGANG WALDSTEIN

Hirntod und Organentnahme bedeuten:
Leben retten durch Töten

Herr Prof. Waldstein. Wie sind Sie zu der Erkenntnis ge-
kommen, dass der Hirntod eine Lüge ist?

Ich habe im Jahr 1987 in den Vereinigten Staaten die
Gelegenheit gehabt, Prof. Alan Shewmon zu treffen.
Dem war vorausgegangen, dass mein Freund, Prof.
Josef Seifert, Alan Shewmon inzwischen zu überzeu-
gen vermochte, dass der Hirntod nicht den Tod des
Menschen bedeuten kann. Allerdings hatte Shewmon
schon selbst durch die klinische Praxis zunehmend
erkannt, dass der Hirntod einfach nicht den Tod des
Menschen bedeuten kann. Die Patienten, denen die
Organe entnommen wurden, waren offensichtlich
nicht tot. Erst durch die Organentnahme trat definitiv
der Tod ein.

Damals bin ich überhaupt zum ersten Mal mit diesem Problem in Berührung gekommen. Es hat mich
doch dann sehr beschäftigt, dass hier eine weltweite

Organisation entstanden ist, in der einfach Organe nach dem Hirntodkriterium entnommen werden. Erst dann habe ich, um mich genauer zu informieren, den Text dieses *Harvard-Reports* gelesen und gesehen, dass dieser ja nur als Hauptzweck erklärt, dass eine Möglichkeit gefunden werden musste, vitale Organe entnehmen zu können und dass dafür eine neue Todesdefinition notwendig war. Diese Definition musste gefunden werden, um eben die Möglichkeit zu haben, vitale Organe zu entnehmen. Dazu wird dann noch weiter gesagt, dass auch die Erfahrung gezeigt habe, dass Menschen, die an Hirntod gelitten haben und dann zwar durch Behandlung wieder einigermaßen hergestellt werden konnten, meistens irgendwie hirngeschädigt geblieben sind und dann oft schwer behindert waren, was für die Angehörigen und für die Betroffenen selbst sehr unangenehm ist. Diese Argumente waren mir schon irgendwie bekannt. Es waren eigentlich die Argumente, die auch bei der Euthanasiediskussion in der NS-Zeit gebraucht wurden. Dies war sozusagen das zweite Argument für den Hirntod. Diese beiden Argumente sind publiziert, sind bekannt und es ist keine Rede davon und kann keine Rede davon sein, dass es dem *Harvard-Report* darum ging, den wirklichen Todeszeitpunkt des Menschen festzustellen.

Es war eine zweckgerichtete Feststellung zum Zweck, vitale Organe erhalten zu können. Diese können jedoch nur von einem noch lebenden Körper gewonnen werden.

In der „Tagespost" vom 4.9.2012 wurde auf S. 3 ein ganzseitiger Beitrag der Soziologin Alexandra Manzei veröffentlicht, in dem sie auf die Probleme von „Organspende und Hirntod" einging. Ich kann in diesem Zusammenhang nur folgende Aussagen wiedergeben: „Seit zwanzig und mehr Jahren wird den Menschen gesagt, dass es sich bei Hirntoten um ganz normale Leichen handle. Das ist aber nicht der Fall. Um es einmal sehr einfach auszudrücken: Leichenteile kann man nicht verpflanzen; Leichenteile würden den Empfänger vergiften. Verpflanzen kann man nur Organe von einem lebenden Organismus."

In der weiteren Entwicklung wurde ich Mitglied der von Papst Johannes Paul II. neu gegründeten „Päpstlichen Akademie für das Leben". Dort habe ich feststellen müssen, dass der Präsident und der damalige Vizepräsident beide vollkommen für das Hirntodkriterium eingestellt waren.

Als im Jahr 2000 die „Päpstliche Akademie für das Leben" gebeten wurde, die Ansprache des Papstes vor dem „Internationalen Kongress für Organverpflanzung" im Jahre 2000 vorzubereiten, wurde ein Text ausgearbeitet, der mit sehr schlauen und vorsichtigen, aber im Effekt doch klaren Formulierungen erreichen sollte, dass der Papst bei dieser Ansprache das Hirntodkriterium als vonseiten der Kirche gerechtfertigt und anerkannt erklären sollte.

Zunächst wurde dieser Text der Glaubenskongregation vorgelegt. Zu diesem Zeitpunkt war Kardinal Ratzinger, der damalige Präfekt dieser Kongregation, nicht in Rom, sondern in Südamerika.

Die Glaubenskongregation hat den Text überprüft und noch Präzisionen eingefügt; aber letzten Endes wurde er dem Papst zugeleitet und die Ansprache wurde gehalten. Sie wurde dann sofort als kirchliche Anerkennung des Hirntodkriteriums interpretiert.[130]

Hochrangige amerikanische Wissenschaftler haben jedoch, als diese Erklärung bekannt wurde, an den Papst geschrieben und ihm ihre schweren Bedenken zu dieser Ansprache vorgetragen. Diese Briefe sind auch der „Päpstlichen Akademie für das Leben" zur Kenntnis gebracht worden. Es herrschte bei den Vertretern des Hirntodkriteriums im *Consiglio direttivo* der „Päpstlichen Akademie für das Leben", dem ich damals angehörte, Empörung über diese Briefe der amerikanischen Wissenschaftler. Es wurde erklärt: „Sie verweigern dem Papst den Gehorsam." Nun, Gehorsam wurde hier für etwas verlangt, dem man bei besserem Wissen gar nicht gehorchen durfte.

Dass der Papst durch den Text, der von der „Päpstlichen Akademie für das Leben" stammte, tatsächlich irregeführt wurde, hat er dann selbst erkannt. Daher hatte er den Wunsch, dass diese Erklärung aus dem Jahre 2000 durch einen neuen Kongress überprüft und korrigiert werden sollte.

Dieser Kongress „Signs of Life" fand im Februar 2005 statt und ist zu dem ganz klaren Ergebnis gekommen, dass der Hirntod nicht den Tod des Menschen bedeutet. Der Tod des Menschen wird dann, wenn man das Hirntodkriterium anwendet, erst

---

[130] Ansprache von Papst Johannes Paul II. an den „Internationalen Kongress für Organverpflanzung", Rom, Palazzo dei Congressi, Dienstag, 29.8.2000, http://www.vatican.va/holy_father/john_paul_ii/speeches/2000/jul-sep/documents/hf_jp-ii_spe_20000829_transplants_ge.html.

durch die Organentnahme herbeigeführt. Ich kann aus den *Conclusions* dieses Kongresses nur die entscheidenden Nummern 10 und 11 wiedergeben. Sie lauten:

„10. Es gibt einen überwältigenden medizinischen und wissenschaftlichen Befund, dass das vollständige und unwiderrufliche Ende aller Gehirntätigkeit (im Großhirn, Kleinhirn und Hirnstamm) kein Beweis für den Tod ist. Der vollkommene Stillstand von Gehirnaktivität kann nicht hinreichend festgestellt werden. Irreversibilität ist eine Prognose und nicht eine medizinisch feststellbare Tatsache. Wir behandeln heute viele Patienten mit Erfolg, die in der jüngsten Vergangenheit als hoffnungslose Fälle betrachtet worden waren.

11. Eine Diagnose des Todes durch neurologische Kriterien allein ist Theorie, keine wissenschaftliche Tatsache. Sie reicht nicht aus, die Lebensvermutung zu überwinden."

Der Kongress 2005 fand in der „Päpstlichen Akademie der Wissenschaften" statt. Der damalige Kanzler der Akademie, Bischof Marcélo Sánchez Sorondo, war über das Ergebnis dieses Kongresses dermaßen schockiert, dass er die Publikation der Akten verbot. Das, was Papst Johannes Paul II. gewünscht hatte, die Klarstellung, dass der Hirntod nicht den Tod des Menschen bedeutet, durfte nicht publiziert werden. Dies ordnete der Kanzler der „Päpstlichen Akademie der Wissenschaften" an. Das war eigentlich eine Ungeheuerlichkeit, denn damit wurde verhindert, dass die vom Papst gewünschte Korrektur der Ansprache von 2000 bekannt gemacht werden konnte.

Das Ergebnis dieses Kongresses war eindeutig. Bekannt gemacht werden konnte diese Korrektur dann leider nur durch Publikationen, unabhängig von der „Päpstlichen Akademie der Wissenschaften". Die bei diesem Kongress gehaltenen Vorträge sowie Texte von Vortragenden, die zum Kongress eingeladen waren, aber wegen ihres Textes nicht zugelassen wurden, wie ich selbst, wurden vom Vizepräsidenten des *Consiglio Nazionale delle Ricerche*, Roberto de Mattei, 2006 in englischer Sprache unter dem Titel *Finis Vitae, Is Brain Death Still Life?*[131] veröffentlicht. 2007 ist das Buch auf Italienisch erschienen. Nur war damit das Bekanntwerden des Ergebnisses des Kongresses von 2005 sehr eingeschränkt. Die „Päpstliche Akademie der Wissenschaften" unterdrückte auf diese Weise die von Papst Johannes Paul II. gewünschte Korrektur seiner Ansprache von 2000. Dem schloss sich wohl auch die „Päpstliche Akademie für das Leben" an. Meine Erfahrung ist, dass von dem Kongress im Jahr 2005 praktisch niemand, der nicht zufällig damit zu tun hatte, Kenntnis bekam.

Wie erklären Sie die Tatsache, dass viele unserer Bischöfe und vor allem auch viele der Moraltheologen, trotz der Tatsache, dass es inzwischen erwiesen ist, dass für hirntot erklärte Patienten nicht tot sind, am Hirntodkriterium festhalten?

---

[131] Roberto de Mattei, *Finis Vitae. Is Brain Death Still Life?*, Rubbettino 2007, http://www.lepantofoundation.org/2009/finis-vitae-la-morte-celebrale-e-ancora-vita/.

Ich muss sagen, das ist für mich unbegreiflich, denn inzwischen hat der Medizinethiker Prof. Robert Truog, ein Anästhesist und Kinderarzt, in einem Artikel mit dem Titel *Is It Time To Abandon Brain Death?*[132] gewagt, einen Schritt in Richtung Wahrheit zu gehen, indem er sagte: *The most difficult challenge for this proposal would be to gain acceptance of the view that killing may sometimes be a justifiable necessity for procuring transplantable organs.* („Die schwierigste Herausforderung für diesen Vorschlag würde sein, die Akzeptanz für die Auffassung zu gewinnen, dass Töten manchmal eine zu rechtfertigende Notwendigkeit sein kann, um übertragbare Organe zu beschaffen.") Das ist zumindest ehrlich.

Inzwischen haben diejenigen selbst, von denen die „Neudefinition" des Todes eingeführt wurde, öffentlich erklärt, dass die Anwendung des Hirntodkriteriums die Tötung des Spenders mit sich bringt. Im „Hastings Center Report" veröffentlichte Prof. Robert Truog gemeinsam mit Prof. Franklin Miller, „National Institutes of Health", einen Artikel mit dem Titel: *Rethinking the Ethics of Vital Organ Donation* („Überdenken der ethischen Normen bei vitalen Organspenden").[133] Sie geben zu, dass *the practice of brain death in fact involves killing the donor* („das Verfahren des Ge-

---

[132] Robert Truog, *Is it time to abandon brain death?*, in: „Hastings Center Report", 1997, http://www.ncbi.nlm.nih.gov/pubmed/9017413.

[133] Franklin G. Miller, Robert D. Truog, *Rethinking the ethics of vital organ donations*, in: „Hastings Center Report", 2008, Nov-Dec, 38, 6, 38–46, http://www.ncbi.nlm.nih.gov/pubmed/19192716.

hirntodes schließt das Töten des Spenders ein"). Daher müsste die *dead donor rule*[134] aufgegeben werden. Das Töten des Patienten durch Organentnahme sollte als *justified killing* („gerechtfertigtes Töten") angesehen werden. Wer kann aber diese Tötung rechtfertigen? Es ist eine Tötung, mit der das Lebensrecht des Spenders schlicht missachtet wird. Es ist eine Tötung, die gegen das Tötungsverbot und gegen den Lebensschutz, der ja auch international in den Menschenrechtserklärungen festgehalten ist, verstößt. Das alles wird einfach missachtet, wenn es darum geht, Organe für Transplantationen zu erlangen und die Tötung im Schutz des weißen Mantels erfolgt. Sie ist deswegen nicht weniger eine Tötung und ist deswegen nicht weniger ein Unrecht und ist einfach ein Verbrechen, das bis jetzt als solches kaum zur Kenntnis genommen wird. In einem Rechtsstaat müsste aus der Erkenntnis, dass die Entnahme lebenswichtiger Organe zumindest den Tatbestand der „Fahrlässigen Tötung"[135] erfüllt, auch die rechtlichen Konsequenzen gezogen werden. Zumindest fahrlässig ist dieses Handeln der Ärzte deswegen, weil das Menschenrecht auf Leben und alle inzwischen gewonnenen Erkenntnisse darüber, dass der Hirntod nicht den Tod des Menschen bedeutet, einfach missachtet wurden. Diese Tötungen kann niemand rechtfertigen. Der Zweck der Heilung eines anderen Menschen kann

---

[134] Die „Tote-Spender-Regel" (*Dead Donor Rule*) beinhaltet zwei ethische Normen: Lebenswichtige Organe dürfen nur von toten Patienten entnommen werden, lebende Patienten dürfen nicht für oder durch eine Organentnahme getötet werden.

[135] In Österreich StGB §§ 80 und 81.

das Unrecht der Tötung des Organspenders nicht rechtfertigen.

Mit dem Argument der über den Tod hinausreichenden Nächstenliebe sollen die Menschen zur Organspende motiviert werden. Hat eigentlich nur der Organempfänger ein Anrecht auf Nächstenliebe?

Papst Johannes Paul II. hatte bereits in einer Stellungnahme am 14.12.1989[136] für einen von der „Päpstlichen Akademie der Wissenschaften" veranstalteten Kongress über die Bestimmung des Todeszeitpunktes erklärt:

„Es scheint sich tatsächlich ein tragisches Dilemma aufzutun: Einerseits sieht man die dringende Notwendigkeit, Ersatzorgane für Kranke zu finden, die in ihrer Schwäche sterben würden oder zumindest nicht wieder genesen können. Mit anderen Worten, es ist verständlich, dass ein Kranker, um dem sicheren oder drohenden Tod zu entgehen, das Bedürfnis hat, ein Organ zu empfangen, welches von einem anderen Kranken bereitgestellt werden könnte. In dieser Situation zeigt sich jedoch die Gefahr, dass man einem menschlichen Leben ein Ende setzt und endgültig die psychosomatische Einheit einer Person zerstört. Genauer, es besteht eine wirkliche Wahrscheinlichkeit, dass jenes Leben, dessen Fortsetzung mit der Entnah-

---

[136] An die Teilnehmer eines Treffens der „Päpstlichen Akademie der Wissenschaften" zum Thema „Bestimmung des Todesmomentes" am 14.12.1989, http://www.vatican.va/holy_father/john_paul_ii/speeches/1989/december/documents/hf_jp-ii_spe_19891214_accademia-scienze_fr.html.

me eines lebenswichtigen Organs unmöglich gemacht wird, das einer lebendigen Person ist, während doch der dem menschlichen Leben geschuldete Respekt *es absolut verbietet* (Hervorhebung von mir), dieses direkt und positiv zu opfern, auch wenn dies zum Vorteil eines anderen Menschen wäre, bei dem man es für berechtigt hält, ihn derart zu bevorzugen."

Wenn man sagt, es ist ein Dienst der Liebe, dem Empfänger das Organ zu spenden, ist es dann ein Dienst der Liebe für den Spender, dass man ihm das Organ nimmt und ihn für seinen Dienst der Liebe tötet? Es wird hier offenbar mit zweierlei Maß gearbeitet. Das Lebensrecht des Spenders wird völlig ignoriert und dem Empfänger gegenüber ist es ein Dienst der Liebe.

Viele Bischöfe und viele Moraltheologen binden immer das Recht auf Menschsein, das Recht auf Leben, ja auch auf Nächstenliebe, an die Person. Sie gehen davon aus, dass die Seele praktisch den Menschen verlassen hätte und er keine Person mehr sei. Sie binden diese Person an die kognitiven Fähigkeiten.

Würden Sie es vertreten, dass das Personsein mit den kognitiven Fähigkeiten verbunden ist?

Nun, diese Winkelzüge, so kann man es nur bezeichnen, werden durch die Tatsache hart widerlegt, dass in allen mir bisher bekannt gewordenen Fällen, in denen nach der Hirntoddiagnose die Organe nicht entnommen werden konnten, weil entweder der Ehegatte oder sonst jemand, in einem Fall ein Ordensoberer, gegen die Organentnahme protestierten, diese Personen durch die richtige Behandlung geheilt und völlig wiederhergestellt wurden.

Es kann also keine Rede davon sein, dass sie in der Zeit des „Hirntodes", den man da festgestellt zu haben glaubte, keine Personen mehr gewesen seien. Sie sind die gleichen Personen gewesen, die sie dann nach der Heilung, nach der völligen Heilung, wieder waren. Das sind einfach Winkelzüge, die hier gebraucht werden, Unredlichkeiten, die nur das Ziel haben, um jeden Preis Organe zu bekommen, ohne Rücksicht auf das Lebensrecht des Spenders. Da scheut man auch keine Unwahrheiten. Zahlreiche Fälle, in denen Menschen nach der Erklärung des Hirntods bei richtiger Behandlung völlig geheilt wurden, sind inzwischen bekannt. Sie sind keine Erfindungen. Es wird trotzdem offiziell bestritten, dass so etwas überhaupt möglich sei, dass nach Feststellung des Hirntodes jemand geheilt werden könnte. Aber die Realität beweist das Gegenteil. Das muss man doch einmal zur Kenntnis nehmen. Ich kann nur einige bezeugte Fälle anführen, die mir bekannt geworden sind:

Der Professor für Kinderheilkunde an der Medizinischen Universität in Ohio (USA), Dr. Paul Byrne, machte bereits 1975 eine Erfahrung, die ihm die Problematik des Hirntodkriteriums vor Augen führte. Ein Kind, Patient Joseph, war bereits sechs Wochen (ja, wirklich 6 Wochen) künstlich beatmet worden und das EEG wurde als dem Hirntod entsprechend interpretiert. Prof. Byrne entnahm aber die Organe nicht, obwohl er mehrfach dazu gedrängt wurde, und setzte die Behandlung fort. Das Kind wurde gerettet.

Prof. Byrne hat bei dem von der „Päpstlichen Akademie der Wissenschaften" veranstalteten Kongress 2005 über diesen Fall berichtet. Zu diesem Zeitpunkt war Joseph verheiratet und Vater von zwei Kindern. Beruflich war er Feuerwehrmann mit medizinischen Interessen. Hätte Prof. Byrne nach den Kriterien der Hirntoddiagnose gehandelt, wäre dieses Leben definitiv zerstört worden. Diese klinische Erfahrung gab ihm bereits 1975 die Gewissheit, dass der Hirntod nicht den Tod des Menschen bedeuten kann. Der Bericht von Prof. Byrne über den Fall ist im Band *Finis Vitae*, S. 65, zu finden.

Ein 1995 vom Bayerischen Rundfunk ausgestrahlter Fernsehfilm „Tot oder lebendig"[137] setzte sich eingehend mit dem Problem des Hirntods auseinander. In diesem Film wurde unter anderem der Fall von Jan Kerkhoffs berichtet, bei dem nach einem Autounfall mit Schädel-Hirn-Trauma der Hirntod diagnostiziert wurde. Seine Frau wurde gebeten, die Organentnahme zu erlauben. Die Frau aber war aufgrund der Tatsache, dass Herzfunktion, Blutdruck und alle anderen Lebensfunktionen normal waren, der Überzeugung, dass ihr Mann lebe. Daher gab sie nicht die Zustimmung zur Organentnahme. Tatsächlich erwachte der Mann wieder aus der Bewusstlosigkeit, wurde geheilt und lebt wieder gesund. Er konnte in dem Fernsehfilm mit seiner Frau gemeinsam über die Vorgänge um diese Hirntoderklärung berichten. Vonseiten der Transplantationsmedizin kam es zu empörten Re-

---

[137] Silvia Matthies, *Tot oder lebendig. Hirntoddiskussion,* Bayerisches Fernsehen, September 1995.

aktionen. Jan Kerkhoffs bekam eine Aufforderung, nie mehr über diese Fehldiagnose in der Öffentlichkeit zu sprechen, da dies der Organspendebereitschaft schaden würde. Man darf solche, für die Transplantationsmedizin unangenehmen Tatsachen nicht über das Fernsehen bekannt machen.

In „Kirche heute", 3/2013, S. 22, prangert Anton Graf von Wengersky vor allem die Art an, wie die Öffentlichkeit bewusst ungenügend informiert wird, und zitiert Prof. Dr. Robert Pichlmayr, den Nestor der deutschen Transplantationsmedizin: „Wenn wir die Gesellschaft aufklären, bekommen wir keine Organe mehr!" Also soll die Gesellschaft nicht wissen, was wirklich geschieht. Die Organbeschaffung hat Vorrang und darf über Leichen gehen.

Besonders dramatisch war der Fall des Priesters Don Vittorio Mazzucchelli vom Institut Christus König und Hoher Priester. Nach einem schweren Autounfall wurde er für hirntot erklärt und bereits für die Organentnahme vorbereitet. Es war die normale, in einer angesehenen Klinik in Florenz durchgeführte Hirntoddiagnose, die dann zur Vorbereitung der Organentnahme führte. Eine „Fehldiagnose" war es aber schon deswegen, weil, wie bei dem Kongress von 2005 klargestellt wurde, der „Hirntod" als solcher nicht den Tod des Menschen bedeutet. Der Generalobere des Instituts konnte jedoch noch rechtzeitig gegen die Organentnahme protestieren und die Verlegung in ein anderes Krankenhaus verlangen. Das ist wichtig. Denn nur wenn eine Verlegung des Patienten in ein anderes Krankenhaus durchgeführt wird, kann man auf Rettung hoffen. In dem Krankenhaus, in dem man die Organentnahme verweigert hat, kann man keine Bereitschaft für lebenserhaltende Maßnahmen für den als hirntot erklärten Menschen erwarten. Durch die im anderen Krankenhaus erfolgte Pflege kam Don Vittorio wieder zum Bewusstsein und wurde schließlich vollständig geheilt. Er kann wieder seinem priesterlichen Dienst uneingeschränkt nachgehen. Niemand wird bestreiten können, dass er durch die vorgesehene und bereits vorbereitete Organentnahme getötet worden wäre. Aber sein Oberer konnte sein Leben sozusagen im letzten Augenblick retten. Und solche Fälle sind inzwischen zahlreich bezeugt. Ich habe über mehrere solcher Fälle, an denen auch junge Menschen beteiligt waren, immer wieder berichtet.

Ich möchte hier noch zwei Beispiele anführen, in denen zwei Jugendliche nach Motorradunfällen mit Schädel-Hirn-Traumata bei unterschiedlicher Reaktion der behandelnden Ärzte unterschiedliche Schicksale erlitten. Den einen ließ der im betreffenden Krankenhaus arbeitende Transplantationsbeauftragte nach Feststellung des Hirntods sofort mit dem Hubschrauber in das Allgemeine Krankenhaus (AKH) in Wien transportieren, wo ihm die Organe entnommen wurden. Beim anderen konnte es der behandelnde Arzt im gleichen Krankenhaus verhindern, dass er abtransportiert wurde. Sein Unfall geschah gerade kurz vor seiner Matura im Sommer. Er wurde in der Intensivstation behandelt und wurde gerettet. Im Herbst konnte er seine Matura nachholen. Wäre er auch ins AKH nach Wien geflogen worden, wie es der Transplantationsbeauftragte wollte und den Hubschrauber bereits bestellt hatte, hätte es die Matura nicht mehr gegeben, sondern nur die Beerdigung einer entleerten Leiche.

Der brasilianische Arzt Cicero G. Coimbra hat nachgewiesen, dass gerade bei Kindern und Jugendlichen bestimmte Behandlungsmethoden bei einem Schädel-Hirn-Trauma die Rettung bewirken können, dass aber gerade bei diesen das Interesse an den wertvollen Organen dermaßen überwiegt, dass die Rettung meist gar nicht erst versucht wird. So zeigt sich, dass die Transplantationsmedizin dazu geführt hat, dass man bei Kopfverletzungen mit Hirntrauma vom Krankenhaus nicht mehr den Versuch der Rettung des Patienten erwarten darf. Krankenhäuser haben sich weithin in Einrichtungen zur Organbeschaffung verwandelt. Dies hat zweifellos bei vielen Ärzten zu einem Umbruch in ihrem ärztlichen Ethos geführt. Es kann daher schwierig sein, im Falle der Notwendigkeit der Verlegung des Patienten ein Krankenhaus zu finden, in dem das Wohl und das Leben des Patienten im Vordergrund steht und mit einer lebenserhaltenden Behandlung gerechnet werden kann.

In Polen hatte der Arzt Dr. Jan Talar eine eigene Klinik gegründet, um Koma-Patienten zu behandeln. Er zog sich damit heftige Angriffe vonseiten der Transplantationsmedizin zu, die seine Klinik zu vernichten versuchte. Hier zeigen sich bei den Akteuren der Transplantationsmedizin mafiöse Züge. Aber Dr. Talar hat es bis jetzt durchgestanden. Inzwischen konnte er

250 Patienten retten, bei denen Hirntod festgestellt worden war und um Organspende angefragt wurde. Darüber hinaus konnte er nochmals so viele Patienten retten, die im Koma lagen und bei denen es nicht um Hirntod ging.

Prof. Dr. Cicero Coimbra, der auch 2005 an der Tagung der „Päpstlichen Akademie der Wissenschaften" teilgenommen hat, gibt ganz klare Richtlinien, wie ein Schwer-Schädel-Hirnverletzter zu behandeln ist. Dazu gehört unter anderem auch die Hormonsubstitution, die man zuvor dem Patienten verweigert. Die präfinale Spenderkonditionierung[138] dient der Optimierung der Organe des Spenders für den Empfänger.

Frau Prof. Dr. Bettina Schöne-Seifert hat in ihrem Positionspapier „Behandlung potentieller Organspender im Präfinalstadium: Ethische Fragen"[139] darauf hingewiesen, dass durch diese Spenderkonditionierung die Gefahr besteht, dass ein für hirntot erklärter Patient wieder spontan atmet und somit möglicherweise zu einem Wachkomapati-

---

[138] Dazu gehört unter anderem die Substitution lebensnotwendiger Hormone, die man dem Schwer-Schädel-Hirnverletzten meist verweigert, die aber im Rahmen der präfinalen Spenderkonditionierung durchgeführt wird. Bei dieser präfinalen Konditionierung werden schon vor der Hirntoddiagnostik Maßnahmen ergriffen, die dazu dienen, die Organe des Spenders für den Empfänger optimal zu erhalten.

[139] Bettina Schöne-Seifert, Thomas Prien, Georg Rellensmann, Norbert Roeder, Hartmut H.-J. Schmidt, *Behandlung potentieller Organspender im Präfinalstadium: Ethische Fragen 27.9.2011*, http://campus.uni-muenster.de/fileadmin/einrichtung/egtm/pbsurvey/GTE/WS_2011/BSS_ST_red_27.09.Schoene-Seifert_et_al.Positiospapier.pdf.

enten wird. Wachkomapatienten darf man bisher noch kei-
ne Organe entnehmen.
   Es zeigt sich also, dass der Ausfall des Atemzentrums
nicht zwingend irreversibel ist, dass sich das Gehirn mög-
licherweise doch wieder erholen kann.

Für mich als Jurist ist das natürlich eine ganz entscheidende und schwerwiegende Frage, wie es möglich ist, dass unzählige nachweisliche Tötungen in einem Rechtsstaat unter dem Vorwand des Hirntods
vorgenommen werden können, ohne dass der Staat
darauf reagiert, ohne dass für den Schutz dieser Menschen etwas getan wird. Es ist ein himmelschreiendes
Unrecht, das hier seitens des Staates geduldet wird,
nur weil man glaubt, der Hirntod mache es möglich,
andere durch die Entnahme von Organen zu retten.
Aber das gibt doch nicht das Recht, dafür den Organspender zu töten. Die Formel „Leben retten durch Töten" ist eine Absurdität und man muss endlich einmal erkennen, dass das so ist. Hier wäre doch nun der
Staat wirklich aufgerufen, endlich etwas zu tun und
zu erklären, dass eine Tötung unter dem Vorwand
des Hirntods auf keinen Fall zulässig, sondern straf-
bar ist. Ärzte, die das machen, müssten dann auch be-
straft werden. Ich habe bereits darauf hingewiesen,
dass die Entnahme lebenswichtiger Organe zumindest den Tatbestand der „Fahrlässigen Tötung" (in
Österreich StGB §§ 80 und 81) erfüllt. Daraus müssten
auch die rechtlichen Konsequenzen gezogen werden.
Wie bereits erwähnt, ist dieses Handeln der Ärzte zumindest deswegen fahrlässig, weil das Menschenrecht auf Leben und alle inzwischen gewonnenen Er-

kenntnisse darüber, dass der Hirntod nicht den Tod des Menschen bedeutet, einfach missachtet werden. Ein bewusstes Inkaufnehmen des Todes des Spenders würde sogar den Tatbestand des Mordes erfüllen.

Es ist bekannt, dass der Apnoetest[140], der im Rahmen der Hirntoddiagnostik zwingend gefordert wird, für den Schwer-Schädel-Hirnverletzten absolut gefährlich ist. Die DSO schreibt dies sogar in ihren Richtlinien zur Hirntoddiagnostik und empfiehlt daher, diesen Test erst als letzten durchzuführen. Es ist bekannt, dass man durch diesen Test, der den Tod des Patienten endgültig beweisen soll, dem zu diesem Zeitpunkt de jure noch Lebenden Schaden zufügen kann. Diese Untersuchung muss nur gemacht werden, damit man nach diagnostiziertem Hirntod die Organe entnehmen kann. Dies ist eine fremdnützige Untersuchung. Als Ärztin darf ich an einem Menschen keine Handlung vornehmen, die nicht darauf ausgerichtet ist, seinem Wohl zu dienen. Der Apnoetest dient nur dem Organempfänger. Für den potenziellen Spender ist er außerdem gefährlich. Durch den Apnoetest kann es zum Blutdruckabfall und zu Herzrhythmusstörungen kommen. Die Erhöhung des CO_2-Gehaltes im Blut verstärkt außerdem das Hirnödem. Ein Gehirn, das ohnehin schon geschädigt ist, darf man auf keinen Fall einem solchen Risiko aussetzen.

Es gibt Fälle, bei welchen man bei der ersten Hirntoduntersuchung noch einen Atemantrieb feststellte. Der Patient war also noch nicht hirntot. Man setzte ihn aber dem Risiko des Apnoetestes aus.

---

[140] Der Apnoetest ist eine diagnostische Funktionsprüfung des Atemzentrums im Rahmen der Hirntoddiagnostik.

Eine Neurologin der Ludwig-Maximilians-Universität, München, Frau Dr. med. Stefanie Förderreuther, hat bei einer Veranstaltung des Deutschen Ethikrates am 21.3.2012 im Hinblick auf den Apnoetest gesagt:

„Die überzeugende Darstellung des erloschenen Atemantriebs, wo man manchmal wirklich, um die Kriterien, die wir da abarbeiten müssen, zu erfüllen, über 20 Minuten warten muss, bis tatsächlich die Blutwerte da sind, wo wir sie brauchen, ja das ist so lang, wie ich vorhin gesprochen habe, so lang liegt dann da jemand da und atmet nicht, ja das ist überzeugend, ja und das hilft den Angehörigen extrem, diesen Umstand zu verstehen; und deswegen mach' ich das."[141]

Die DSO gibt eine Dauer von 4-10 Minuten in ihren Richtlinien vor. Wie werten Sie die Aussage von Frau Dr. Förderreuther?

Ich würde sagen, alles, was sozusagen dazu hinführt, dass man letzten Endes dann nur den Zweck erreichen will, die Organe entnehmen zu können, ist zutiefst ein Unrecht, denn es läuft hier letzten Endes auf die tatsächliche Tötung des Spenders zu. Dieses Unrecht bleibt Unrecht, auch wenn es für den Empfänger eine Lebensrettung bedeutet. Aber, wie gesagt, ein Leben zu retten um den Preis, dass einem anderen das Leben dafür genommen wird, ist einfach eine Absurdität. Das ist ein in sich ungeheuerlicher Vorgang.

---

[141] Deutscher Ethikrat, „Forum Bioethik", 21.3.2012, Podcast Podiumsdiskussion, 1:09:05, Stefanie Förderreuther.

Nachdem zunächst in erster Linie Unfallopfer zu Organ-
spendern wurden, hat man jetzt den Spenderpool vor allem
durch Schlaganfallpatienten vergrößert. Aber auch das
reicht nicht. In einigen Ländern gibt es jetzt schon den so-
genannten Spender ohne Herzschlag (NHBD – „Non
Heart Beating Donor"). In Deutschland ist dies zurzeit
noch verboten. Der NHBD bietet die Möglichkeit, Organ-
spende mit aktiver Sterbehilfe zu verbinden, was zum Bei-
spiel in Holland, Belgien und England schon praktiziert
wird. Auch in Österreich gibt es schon Organe von Spen-
dern ohne Herzschlag. Da das Herz dieser Spender nicht
mehr zu gebrauchen ist, haben Wilkinson und Savulescu
von der Oxford Universität vorgeschlagen, bei Sterbewilli-
gen zunächst den Hirntod herbeizuführen, um dann bei
schlagendem Herzen die Organe einschließlich des Herzens
entnehmen zu können.[142]

Diese Art der Sterbehilfe kann auch auf Komapatienten
und Anenzephale angewandt werden. Wie beurteilen Sie
diese Entwicklung?

Ich glaube, alle diese Entwicklungen zeigen, dass die
ganze Transplantationsmedizin in dieser Form einfach ein Wahnsinn ist. Sie hat völlig einseitig die Empfänger im Auge, ohne Rücksicht auf die Spender. Alan
Shewmon hat mit Recht festgestellt, dass nur paarige
Organe, zum Beispiel eine von zwei Nieren oder ein
Leberlappen, zur Spende entnommen werden dür-

---

[142] Dominic Wilkinson and Julian Savulescu, *Should we allow
organ donation euthanasia? Alternatives for maximizing the num-
ber and quality of organs for transplantation*, Bioethics ISSN 0269-
9702 (print); 1467-8519 (online), DOI:10.1111/j.1467-8519.
2010.01811.x.

fen. Auch die Blutspende ist möglich. Es dürfen aber keine Organe entnommen werden, bei deren Entnahme es zur Tötung des Spenders oder zu einer schweren Schädigung kommt. Das ist das Ergebnis, zu dem Shewmon am Ende seiner eingehenden Untersuchung des Problems gekommen ist.

Die ganze Transplantationsmedizin müsste eigentlich in ihrer jetzigen Form aufgegeben werden, denn sie ist ein wirklicher Skandal. Es ist ein himmelschreiender Skandal, dass man Menschen tötet um das Leben anderer zu verlängern.

Herr Prof. Waldstein, in Deutschland haben wir jetzt die Erklärungslösung, in Österreich gibt es die Widerspruchsregelung, wie in vielen anderen europäischen Ländern; das heißt es ist die Situation eingetreten, dass man sich vor einer Reise erst erkundigen muss, welche Bestimmungen in welchem Land gelten. Wenn man kein Organspender sein will, muss man sich in vielen Ländern in das Widerspruchsregister eintragen lassen.

Wie ist die Widerspruchslösung mit den Menschenrechten zu vereinbaren?

Ich halte die Widerspruchsregel für absolut unvereinbar mit den Menschenrechten. Wenn man sich selbst oder seine Kinder von der Organspende ausnehmen lassen will, muss man bei einer bestimmten Stelle in Wien den Widerspruch schriftlich hinterlegen. Wenn in einem konkreten Fall dort für die betreffende Person oder das betreffende Kind kein Widerspruch vorliegt, wird sofort zur Organentnahme geschritten.

Das ist ganz besonders furchtbar für kleine Kinder, die durch einen Unfall schwer geschädigt sind und für die kein Widerspruch hinterlegt ist. Wenn kein Widerspruch vorliegt, wird im Krankenhaus nicht gewartet, ob die Eltern damit einverstanden sind oder nicht, und dann heißt es nur: „Ja, das Kind konnte leider nicht gerettet werden, es ist leider gestorben." Die Wahrheit ist, dass der junge Mann, den der oben genannte Transplantationsbeauftragte mit dem Hubschrauber in das AKH in Wien fliegen ließ, zum Zwecke der Organentnahme und somit zur Tötung hingeflogen wurde. In dem ähnlichen zweiten Fall, in dem der Transplantationsbeauftragte im gleichen Krankenhaus den Hubschrauber schon bestellt hatte, wäre der zweite junge Mann ebenfalls in den Tod geschickt worden, wenn der behandelnde Arzt dies nicht verhindert hätte. Und so konnte das Leben dieses jungen Mannes gerettet werden.

Wir haben viele Freunde hier in Österreich. Die meisten wissen gar nicht, dass sie Organspender sind.

Ja, das ist es; aber das ist das System, das ist der Zweck des Systems, dass man auf diese Weise ungehemmt zu Organen kommen kann.

In Deutschland hat man die Erklärungslösung. Für die Organspende wird ganz unethisch Werbung gemacht. Es gibt zum Beispiel von der Bundeszentrale für gesundheitliche Aufklärung, zusammen mit der Technikerkrankenkasse, einen Film unter dem Titel „Organspende macht

Schule"[143]*, der dazu dienen soll, Kinder beziehungsweise Jugendliche in der Schule im Religionsunterricht über Organspende „aufzuklären".*

Dieser Film ist unverantwortlich. Mit sechzehn Jahren „dürfen" sich Jugendliche in Deutschland für Organspende entscheiden, das heißt es kann passieren, dass Eltern gar nicht wissen, dass ihr Kind aufgrund von solch unverantwortlicher Werbung, aufgrund solcher Manipulationen einen Organspendeausweis besitzt.

Diese Manipulationen zeigen eben die völlige Gewissenlosigkeit des Vorgehens in dieser Frage. Das ist absolut gewissenlos. Es ist einfach ein Skandal.

Es müsste endlich einmal rechtlich klargestellt werden, was hier geschieht. Da kann der Staat nicht umhin, wirklich einmal einzugreifen. Zu zeigen, dass hier in einem unvorstellbaren Ausmaß Verbrechen am menschlichen Leben begangen werden und das im Namen der Lebensrettung, der Menschlichkeit, der Hilfsbereitschaft und der Liebe. Es ist absurd.

Auch der Organempfänger wird nicht wirklich aufgeklärt. Auf ihn kommen ja auch sehr große Probleme zu. Es wird ihm gesagt, eine Transplantation sei für ihn die einzige Möglichkeit weiterzuleben. Er wird nicht über Alternativen aufgeklärt und er ist auch nicht gesund. Das ist ja eigentlich auch unethisch. Er müsste vorher über mögliche Alternativen und alle Komplikationsmöglichkeiten, auch psychischer Art, aufgeklärt werden.

---

[143] http://www.tk.de/tk/broschueren-und-mehr/cd-und-dvd/dvd-organspende-macht-schule/200612.

Das kommt sicher noch dazu. Es bestünde sicher auch dem Empfänger gegenüber eine Aufklärungspflicht. Aber es wird alles so manipuliert, dass alles am Recht vorbeigehen kann.

Ich denke, dass auch viele Empfänger, wenn sie wirklich darüber aufgeklärt wären, dass durch die Organentnahme erst der Tod des Spenders herbeigeführt wird, ganz sicher dann gar kein Organ haben möchten. Da wird ja eigentlich auch betrogen.

Da wird auch betrogen, daran kann kein Zweifel bestehen.

Der Empfänger muss lebenslang Tabletten einnehmen, die alle schwere Nebenwirkungen haben. Gegen diese Nebenwirkungen muss er weiter Tabletten nehmen. Über Alternativen zur Transplantation, die es gibt, wird nicht aufgeklärt.

Warum wird alles für die Transplantationsmedizin getan und warum werden überhaupt keine Alternativen genutzt?

Ich weiß es, offen gesagt, auch nicht. Aber ein wichtiger Faktor ist zweifellos das Geschäft. Die Transplantationsmedizin ist eben ein enormes Geschäft und das muss weitergehen, ohne Rücksicht auf Verluste. Alles wird getan, um dieses Geschäft in Schwung zu halten, gegen jede Vernunft und gegen jedes Recht.

Wo sehen Sie den Grund dafür, dass viele Theologen die Transplantationsmedizin befürworten? Was kann der Grund dafür sein, dass die Kirche sich nicht von der Transplantationsmedizin distanziert?

Leider kann ich nur sagen, dass auch ich nicht verstehen kann, dass dies so ist. Ich habe persönlich alles versucht, die verantwortlichen Stellen auf dieses Problem hinzuweisen. Ich habe es mehrfach auch öffentlich ausgesprochen, dass die Kirche hier nicht schweigen darf, aber bisher vergeblich.

Papst Johannes Paul II. hat in der Enzyklika *Evangelium Vitae*, Nr. 15, ausdrücklich gesagt:

„Und auch angesichts anderer, heimlicherer, aber nicht minder schwerwiegender und realer Formen von Euthanasie dürfen wir nicht schweigen. Sie könnten sich zum Beispiel dann ereignen, wenn man, um mehr Organe für Transplantationen zur Verfügung zu haben, die Entnahme dieser Organe vornimmt, ohne die objektiven und angemessenen Kriterien für die Feststellung des Todes des Spenders zu respektieren."

Trotzdem wird geschwiegen. Wie das möglich ist, warum das so ist, ich kann es nicht erklären. Ist es Feigheit? Ist es Uninformiertheit? Was immer es auch ist, es ist eine Tragödie, dass die Kirche bisher da nicht wirklich klar spricht.

Papst Benedikt XVI. hat zwar deswegen in seiner Ansprache vom 7.11.2008 sehr mit Recht zur Vorsicht gemahnt und erklärt: „In diesen Fällen muss auf jeden Fall immer die Achtung vor dem Leben des Spenders als Hauptkriterium gelten, sodass die Organentnahme nur im Falle seines tatsächlichen Todes erlaubt ist (*ex cadavere*)."[144]

Aber damit wird das Dilemma klar, dass Organe von einem tatsächlich Toten für die Transplantation nicht mehr brauchbar sind. Das Problem liegt gerade darin, dass nur „vitale" Organe für eine Transplantation brauchbar sind, und die können nur von einem vitalen, also lebenden Körper gewonnen werden. Daher ist für die Transplantationsmedizin die Notwendigkeit der Tötung eines lebenden Menschen unausweichlich. Und gerade deswegen wurde der „Hirntod" eingeführt. Wenn also die Transplantationsmedizin, abgesehen von der Transplantation eines von paarigen Organen oder Organteilen, deren Entnahme nicht zum Tod des Spenders führt, nur mit dem Töten der Spender leben kann, muss klar gesagt werden, dass sie nicht nur ein menschenverachtender Irrweg ist, sondern ein verbrecherisches Unternehmen, bei dem Millionen von Menschenleben geopfert werden. Die gegenwärtige Situation lässt keinen Raum für Hoffnung, dass dieser Irrweg aufgegeben wird. Zu groß ist das damit verbundene Geschäft. Dass angesehene „Rechtsstaaten" diesen Tötungen ungerührt jahrzehntelang zusehen können, statt aus den Tötungen die strafrechtlichen Konsequenzen zu ziehen, zeigt das Ausmaß der Vernebelung durch den sogenannten „Hirntod". Und dies, obwohl die Erfinder des Hirntods im Jahre 2008 selbst öffentlich zuge-

---

[144] „L'Osservatore Romano", Wochenausg. in deutscher Sprache vom 28.11.2008, S. 7.

geben haben, dass die Anwendung dieses Kriteriums die Tötung des Spenders einschließt.

Die Aussage von Papst Benedikt XVI., dass Organe nur „ex cadavere" entnommen werden dürfen, wird jedoch auch noch willkürlich uminterpretiert. Man spricht von einem „Kadaver mit schlagendem Herzen". Das Ganze ist ein zutiefst unaufrichtiger Vorgang. Die Tatsache, dass mit Transplantationen viele Leben gerettet werden können, bringt der Transplantationsmedizin größte Achtung und Sympathien ein. Aber gleichzeitig verschweigt sie, dass dafür viele andere sterben müssen. Und das Ganze ist zu einem enormen Geschäft geworden, dessen Betreiber buchstäblich über Massen von Leichen gehen.

Dr. Manfred Lütz hat am 14.12.2011 in einem Interview mit Domradio Köln gesagt: „Und in der Tat ist aus meiner Sicht der Hirntod nicht der eigentliche Tod des Menschen, allerdings ein Zeitpunkt, zu dem man Organe entnehmen kann, ohne dass man ihn tötet."[145]

Das ist ein Unsinn. Das ist nun leider wirklich ein Unsinn. Ich kann mir gar nicht vorstellen, dass Dr. Lütz das wirklich so gesagt haben kann. Wie kann man lebenswichtige Organe entnehmen, ohne zu töten?

---

[145] http://www.domradio.de/nachrichten/2011-12-14/dr-luetz-ueber-die-fehlende-bereitschaft-organe-zu-spenden-und-die-unsicherheit-der-angehoerigen.

Wenn der Patient nicht tot ist, dann töte ich ihn durch die
Organentnahme. Wenn man daran festhält, dass der Hirn-
tod der Tod ist,

ja, dann darf man trotzdem die Organe entnehmen,
weil man damit Leben rettet und es gut für das
Geschäft ist. Dass dabei der Spender getötet wird,
braucht man nicht zu sagen, weil er ja „hirntot" war.

Das sind die Leute, die in der Öffentlichkeit auftreten und
die durch ihre Aussagen der Transplantationsmedizin zum
Vorteil gereichen.

Man kann nur aus diesen ganzen Vorgängen um die
Transplantationsmedizin zu dem Schluss kommen,
dass das Ganze ein wahnwitziger Irrweg ist, der unter dem Schein der Menschlichkeit und der Hilfe für
Sterbende hinnimmt, dass weltweit Millionen von
Menschen unter dem Vorwand des „Hirntods" getötet werden. Wenn man weiß – was inzwischen schon
längst bekannt ist –, dass die Entnahme lebenswichtiger unpaariger Organe die Tötung des Patienten bedeutet, und man dazu weiter schweigt, häuft man eine Schuld auf, die immens ist. Man kann nur hoffen,
dass dieses Schweigen endlich durchbrochen wird.
Ich kann es einfach nicht begreifen, dass die Kirche
sich bisher nicht klar zum Hirntod ausgesprochen
hat. Das Unglück war eben, dass die „Päpstliche Akademie der Wissenschaften" und die „Päpstliche Akademie für das Leben" ihrerseits ganz die Position des
„Hirntodes" eingenommen hatten und das mit einem
Fanatismus sondergleichen. Das steckt vielleicht jetzt

110

noch dahinter, dass man es einfach nicht wagt, obwohl die Wissenschaft ja klar gesprochen hat, dem Hirntodkriterium zu widersprechen. Man beruft sich zwar immer darauf, was *die* Wissenschaft sagt. Aber wenn man das ernst nehmen will, dann muss man auch den Kongress der „Päpstlichen Akademie der Wissenschaften" von 2005 ernst nehmen. Diese Ergebnisse sind eindeutig und klar. Daran kann auch durch weitere Untersuchungen nichts geändert werden. Und die realen Erfahrungen mit geretteten „Hirntoten" bestätigen das längst. Trotzdem schweigt die Kirche weiter. Das ist, glaube ich, ein ganz schweres Unglück, das eines Tages der Kirche auch schwer auf den Kopf fallen wird. Denn es kann nicht sein, dass der Irrweg dieser ganzen Bewegung der Transplantationsmedizin nicht eines Tages als das erkannt wird, was es ist, nämlich ein menschenverachtender Skandal, und dann auch endlich in dieser Form beendet wird.

Das Hirntodkriterium selbst ist schon eine Lüge, weil in Teilen des Gehirns noch Aktivität ist. Sonst könnten die Kreislaufregulation, die Temperaturregulation, die Hormonregulation ja nicht mehr funktionieren. Also ist der komplette Ausfall des Gehirns schon eine Lüge. Auf dem Organspendeausweis steht „nach meinem Tod" und das ist für Spendewillige das ausschlaggebende Argument. Sie wissen nicht, dass mit dem Tod der Hirntod gemeint ist.

Es geht nur ums Geld. Die Gier nach immer mehr Organen führt zu immer weiteren Auswüchsen. So denkt man in einigen Ländern schon an Organ„spende" im Rahmen von Euthanasie.

Warum werden auch in Rom nur die Wissenschaftler ge-
hört, die für den Hirntod sind? Warum werden die Kriti-
ker, von denen es inzwischen viele gibt, nicht gehört?

Ja, ich weiß nicht, ob die nicht gehört werden. Ich
weiß es nicht, warum es so ist, aber jedenfalls habe ich
persönlich Papst Benedikt XVI. geschrieben und ihm
die Situation dargelegt. Dem neuen Präfekten der
Glaubenskongregation habe ich ebenfalls geschrieben. Es kommt keine Reaktion. Also ich weiß nicht,
was da vor sich geht. Ich kann es nicht ergründen. Ich
kann nur feststellen, dass dieses Schweigen für unzählige Menschen tödlich ist.

2008 wurde von der „Päpstlichen Akademie der Wissen-
schaften" der Kongress „Ein Geschenk für das Leben. Über-
legungen zum Problem der Organspende" ausgerichtet.
Dieser Kongress wurde von der Firma Novartis gespon-
sert. Auch die italienische Transplantationsgesellschaft
war daran beteiligt. In der Eröffnungsrede wies Papst Be-
nedikt XVI. ganz klar darauf hin, dass lebensnotwendige,
unpaare Organe nur ex cadavere entnommen werden dür-
fen. Wie ist dieses „ex cadavere" zu verstehen?

„Ex cadavere" ist in kirchlicher Terminologie eindeutig „aus einem Leichnam".

Die Hirntodbefürworter sehen sich bestätigt. Für sie ist der
für hirntot erklärte Patient der Kadaver. Einige von ihnen
sprechen sogar von der Kadaverspende.

Ich habe bereits oben erwähnt, dass zur Vernebelung der Realität der Begriff des „Kadavers mit schlagendem Herzen" gebildet wurde. Aber das ist schlicht und einfach eine Lüge, eine Zwecklüge um etwas tun zu können, was an sich ein schweres Unrecht ist und ein Verbrechen. Der weiße Mantel des Arztes kann das nicht beschönigen.

In einigen Ländern ist aktive Sterbehilfe unter dem Begriff Euthanasie erlaubt. Auch in Deutschland, wo der Begriff Euthanasie aus historischen Gründen vermieden wird, schreitet die Entwicklung voran. 2012 wurde die professionelle Sterbehilfe verboten; das heißt aktive Sterbehilfe darf nur nicht professionell sein. Warum melden sich hier die Bischöfe nicht zu Wort. Nehmen sie die Entwicklung nicht wahr oder wollen Sie sie nicht wahrnehmen?

Ich persönlich kann nur sagen, dass die Gesamtsituation der Bischöfe in Deutschland und in Österreich auch in kirchlichen Fragen, mit wenigen Ausnahmen, nicht ermutigend ist. Es ist eine Mentalität, die dem Ernst des Amtes bei Weitem nicht gerecht wird. Ein Bischof, ich kann mich jetzt nicht erinnern welcher das war, hat über den „Hirntod" geredet, obwohl er offenbar die Fakten nicht kannte. Es ist wirklich erschütternd, muss man sagen, dass die jetzt immerhin schon längst publizierten und jedenfalls zugänglichen Informationen offenbar nicht zur Kenntnis genommen werden.

Im letzten Jahr hatte Bischof Algermissen aus Fulda deutliche Worte gesagt, die ermutigt haben. Kurze Zeit später kam eine Veröffentlichung, dass Vertreter der Krankenhausgesellschaften und der Transplantation bei Bischof Algermissen waren und ihn scheinbar zumindest mundtot gemacht haben.

Ihn „weichgeklopft" haben.

Er hat sich zwar nicht gegenteilig geäußert, aber er hat auch nichts mehr in diese Richtung gesagt.

Das Zitat, das ich jetzt zur generellen Haltung der Bischöfe anführe, ist von John Henry Kardinal Newman aus seiner Schrift: „Über das Zeugnis der Laien in Fragen der Glaubenslehre."[146] Die Schilderung bezieht sich auf das 4. Jahrhundert. Newman schreibt zunächst, dass „in jenen Tagen die der unfehlbaren Kirche anvertraute göttliche Tradition weit mehr durch die Gläubigen als durch den Episkopat verkündet und aufrechterhalten wurde" (S. 271). Auf S. 273 fährt er fort: „Ich behaupte, dass damals die Funktionen der *Ecclesia docens* zeitweilig aufgehört hatten. Die Bischöfe als Ganzes versagten in ihrem Glaubensbekenntnis. Sie äußerten sich verschieden, einer gegen den anderen. Nach Nizäa gab es nichts, was festes, unveränderliches oder stetiges Zeugnis genannt werden konnte, und das fast sechzig Jahre lang. Es gab unzuverlässige Kirchenversammlungen und

---

[146] John Henry Newman, *Polemische Schriften, Ausgewählte Werke, Band IV*, Matthias-Grünewald-Verlag, 1959, S. 271–273.

treulose Bischöfe. Schwäche, Angst vor den Folgen, Verführungen, Trug, Wahnvorstellungen herrschten endlos, hoffnungslos fast bis in die letzten Winkel der katholischen Kirche hinein. Die vergleichsweise wenigen (Bischöfe), die gläubig blieben, wurden verunglimpft und ins Exil getrieben. Die übrigen waren entweder Betrüger oder Betrogene."

Dies alles und viele andere Krisen durch alle Jahrhunderte hat die Kirche dadurch überstanden, dass es immer wieder auch Heilige gab, auch heilige Päpste und Bischöfe, die echte Erneuerungen des kirchlichen Lebens bewirken und den Glauben wieder festigen konnten. Auch jetzt könnte das von Papst Benedikt XVI. eingeführte „Jahr des Glaubens" zu einer echten Erneuerung führen, wenn dieses Jahr in der Intention des Papstes auch genutzt wird.

Rainer Maria Kardinal Woelki hat in seiner Osterbotschaft 2012 eine eindeutige Aussage zum Hirntod gemacht. Wie erklären Sie sich, dass dies offiziell einfach nicht wahrgenommen wird?

Ja, wie soll man sich das erklären? Wie soll man sich überhaupt erklären, dass jetzt jahrzehntelang das alles so über die Bühne geht, ohne dass eine wirkliche Stellungnahme dazu abgegeben wurde und ohne dass Konsequenzen aus der Erkenntnis gezogen wurden, was bei der „Organspende" wirklich geschieht. Ich kann das nicht erklären.

Es ist einfach unverständlich, dass diese furchtbare Tatsache der Tötung von unzähligen Spendern über die Bühne geht, ohne dass ein Aufschrei des Entsetzens folgt. Es wird so unter der Decke gehalten, es ist eine medizinische Sache, die Ärzte machen das; das ist halt wissenschaftlich begründet, so behaupten sie, das sei so erwiesen, die Ärzte machen das ja sorgfältig und gewissenhaft. Gegen jede Vernunft wird weiter behauptet, dass der Hirntod ein absolut sicheres Kriterium für den Tod des Menschen sei. Die Tatsachen widerlegen das längst und das wird einfach nicht zur Kenntnis genommen. Es wird auch nichts getan, um diesem Übel einmal wirklich entsprechend entgegenzutreten.

Alan Shewmon hat im Herbst 2012 in der Zeitschrift „Communio", 39, einen umfangreichen Beitrag zu diesen Fragen mit dem Titel veröffentlicht: *You Only Die Once: Why Brain Death is Not the Death of a Human Being* („Du stirbst nur einmal: Warum der Hirntod nicht den Tod eines Menschen bedeutet"). Der Untertitel lautet: *A Reply to Nicholas Tonti-Filippini* („Eine Erwiderung auf Nicholas Tonti-Filippini").[147] Dieser Text mit einem Umfang von 73 Seiten zeigt das ganze Chaos der Meinungen und Manipulationen auf, auch in kirchlichen Institutionen, besonders in der „Päpstlichen Akademie der Wissenschaften" und der „Päpstlichen Akademie für das Leben". Es ist unglaublich, mit welchen Konstruktionen gearbeitet wird, um zu dem Ergebnis zu kommen, dass der Hirntote doch tot oder zumindest nicht mehr „Person" sei. Es herrscht diesbezüglich eine solch unerschütterliche Voreingenommenheit, weil die Trans-

---

[147] Alan Shewmon, *You Only Die Once: Why Brain Death is Not the Death of a Human Being, A Reply to Nicholas Tonti-Filippini*, in: „Communio" 39, 2012.

plantationsmedizin einfach um jeden Preis Organe bekommen muss.

In Deutschland gibt es zurzeit eine ganze Menge von Organspendeskandalen. Man hat erst einen Teil der Transplantationszentren überprüft; überall da, wo man überprüft hat, hat man auch Betrügereien gefunden. Wie erklären Sie sich, dass die deutsche Justiz angibt, dass es kein strafbarer Tatbestand sei, wenn Ärzte Akten manipulieren? Da gebe es rechtlich eigentlich nichts, um sie zu belangen.

Das ist unverständlich. Diese Manipulationen sind nur eine weitere Folge des begonnenen Unrechts. Der Skandal beginnt damit, dass der Mensch, der Spender, getötet wurde. Daraus ergibt sich alles Weitere. Es geht dann in der gleichen Skandallinie weiter und da ist jedes Argument, das sozusagen einen Schein einer Begründung bietet, recht und billig. Die Hauptsache ist das Geschäft, um das es dabei geht.

Wenn man es als Skandal empfindet, dass bei der Zuordnung der Organe manipuliert wird, so hat der Skandal damit begonnen, dass es überhaupt diese Organe gibt, mit denen man das machen kann. Denn die wurden einem lebenden Menschen entnommen, der dabei getötet wurde. Und das ist der viel größere Skandal als die nachfolgende Manipulation bei der Verwendung der Organe.

*Es wird gesagt, der einzige möglicherweise strafbare Tat-
bestand sei die Schädigung dessen, der ursprünglich vielleicht für dieses Organ vorgesehen war und der dann auf
der Transplantationsliste nach hinten gerutscht sei. Das
sei der einzige strafbare Tatbestand. Diesbezüglich wird
überlegt, ob das nicht versuchter Totschlag oder so etwas
ist.*

Da kann man nur sagen, dass solche Juristen Schand-
flecke für die Rechtswissenschaft sind. Für die Tatsache der Tötung des Spenders erkennt man keinen
Straftatbestand, aber wenn ein Anwärter auf ein
durch die Tötung des Spenders erlangtes Organ be-
nachteiligt wurde, mit der möglichen Folge, dass er
an seiner Krankheit stirbt, dann soll das „versuchter
Totschlag" sein! Die Tötung des Spenders war nicht
nur „versuchter Totschlag".

*Wie erklären Sie sich die Tatsache, dass viele, die Bescheid
wissen, die auch mit dem Ganzen nicht einverstanden sind,
trotzdem schweigen?*

Sie werden verstehen, dass ich dafür auch keine Erklärung habe. Ob das einfach Menschenfurcht oder
ob es Bequemlichkeit ist oder der Wunsch, *not to get
involved*, ich weiß es nicht. Der Druck des „Meinungs-
klimas" ist natürlich sehr stark.

*Vor Kurzem war ein sehr interessanter Dokumentarfilm
im Deutschen Fernsehen, in der ARD, zu sehen, mit dem
Titel „Vorsicht Operation". Da wurde anhand der orthopädischen Operationen dargelegt, dass viel zu viel unter fal-*

118

scher Indikation und obendrein noch falsch operiert wird,
mit dem Vermerk, dass man mit orthopädischen Operatio-
nen viel verdienen könne. Ich denke, das Ganze hätte man
genauso gut auf die Transplantation anwenden können.
Damit verdient man ja noch mehr! Sicherlich wird auch
oft die Indikation für Transplantationen falsch gestellt. Es
wird einfach gesagt, das muss jetzt gemacht werden und
der Patient glaubt es dem Arzt. Er ist verzweifelt und
glaubt es.

Hier zeigt sich klar, dass das Gesetz sich bewahrhei-
tet, dass aus einer bösen Tat nur wieder Böses folgen
kann. Alles, was danach kommt, ist vom Stigma des
Unrechts gezeichnet und geprägt und führt eben zur
völligen Missachtung des Rechts.

Ich weiß nicht, wie die Lage in Österreich ist. Ich kann jetzt
also nur von Deutschland sprechen. In Deutschland hören
wir immer wieder, „täglich sterben drei Menschen, weil
keine Organe da sind".

Darf ich hier einfügen: Und auch die drei, die sterben,
weil sie keine Organe bekommen, würden sie es
rechtfertigen, dass für die Verhinderung ihres Todes
andere sterben müssen, denen man die benötigten
Organe entnehmen musste?

Andererseits sterben in Deutschland nachgewiesenerma-
ßen täglich – die Zahl stammt aus dem Jahr 2011 – 82
Patienten, mittlerweile sind es wahrscheinlich mehr, an
sogenannten „nosokomialen Infektionen", also Infektio-
nen, die sie sich im Krankenhaus holen aufgrund der un-

hygienischen Verhältnisse in deutschen Krankenhäusern.[148]

Für die drei Personen, die angeblich sterben, weil keine Organe vorhanden sind, gibt es eine Gesetzesänderung, für die 82 setzt sich niemand ein.

Aber eben dafür wird alles getan: Es ist eben nur das große Geldverdienen, denn mehr Hygiene würde Geld kosten. Wenn man mehr transplantiert, verdient man mehr.

Das große Problem ist, glaube ich, auch die Tatsache, dass viele Krankenhäuser mittlerweile börsenorientiert arbeiten. Es gibt in Deutschland ganze Klinikketten, die auch transplantieren, deren Aktien alle an der Börse gehandelt werden. Wenn man sich die Entwicklung überlegt: In den von Orden geführten Krankenhäusern, die es früher oft und heute auch noch einzeln gibt, da arbeiteten die Ordensleute neben den professionellen Kräften. Schon die Lohnkosten waren viel niedriger. Wie hätte man sich vorstellen können, dass solche Krankenhäuser an der Börse notiert werden und schon deshalb einen entsprechenden Gewinn abwerfen müssen?

Das alles sind Entwicklungen, die wirklich fast endzeitlichen Charakter annehmen. Es ist die große Verwirrung auf allen Gebieten.

Inzwischen ist auch bekannt, dass es in China Konzentrationslager gibt, in welchen die Falun Gong[149]*-Praktizie-*

---

[148] http://www.aerzteblatt.de/nachrichten/45747/Bis-zu-30-000-Tote-pro-Jahr-durch-Krankenhausinfektionen.

[149] *Falun Gong* ist eine aus China stammende religiöse Bewegung.

renden[150] gefangen sind. Sie werden zum Teil schon direkt für die Organentnahme typisiert und werden dann auf Bestellung getötet. Wenn bestimmte Gewebeeigenschaften gebraucht werden, wird alles geliefert. Trotzdem haben wir wirtschaftliche Kontakte mit einem solchen Land.

Ja, das ist es eben. Wenn einmal die moralischen Grenzen durchbrochen sind, dann ist alles möglich.

Vor Kurzem wurde berichtet, dass auf der Sinai-Halbinsel Tausende von Menschen getötet und ihrer Organe beraubt wurden. Man fand die ausgeschlachteten Leichen.[151] Unsere Regierung sagt dazu, sie beobachte diese Vorgänge mit Sorge. Die linke Partei hat endlich einmal eine Nachfrage zu diesen Vorfällen gemacht. Auch in der Vergangenheit wurde schon Einiges mit Sorge beobachtet, bis es zu spät war.

Das ist es eben, dass das Ganze von Grund auf ein furchtbarer Irrweg ist.

Für mich als Katholikin ist besonders belastend, dass wir bei Hirntod und Organspende von der Kirche im Stich gelassen werden. Bei der Abtreibung steht die Kirche klar zum Schutz des Lebens.

---

[150] David Matas, David Kilgour, *Blutige Ernte – Untersuchungsbericht zu den Anschuldigungen der Organentnahmen an Falun Gong-Praktizierenden in China*, http://www.epochtimes.de/blutige-ernte-untersuchungsbericht-zu-den-anschuldigungen-der-organentnahmen-an-falun-gong-praktizierenden-in-china-44571.html.

[151] http://dipbt.bundestag.de/dip21/btd/17/114/1711409.pdf.

Nicht nur im Stich gelassen! Sondern die Deutsche Bischofskonferenz ermuntert zur Bereitschaft zur Organspende, ohne darauf hinzuweisen, was das für den Spender bedeutet.

Im Katechismus der Katholischen Kirche steht ganz eindeutig, wie bereits erwähnt, dass die Organspende sittlich annehmbar ist, wenn der Spender seine Zustimmung gegeben hat und keine übermäßigen Gefahren für ihn bestehen.

Die Organentnahme bei einem für hirntot erklärten Menschen bedeutet für diesen den Tod.

Prof. Shewmon hat bei dem von Papst Johannes Paul II. gewünschten Kongress zur Klärung der „Zeichen des Todes" vom 3. bis 4. Februar 2005, auf den ich bereits oben eingegangen bin, einen Vortrag über das Thema gehalten: *Brain Body Disconnection: Implications for the Theoretical Basis of Brain Death*. Sein ausführlicher und sehr differenzierter Beitrag ist mit den anderen Vorträgen in dem bereits erwähnten, von Roberto de Mattei 2006 veröffentlichten Band *Finis Vitae, Is Brain Death Still Life?*, S. 211–250, enthalten. Er kommt, wie bereits erwähnt, zu dem Ergebnis, dass nur Transplantationen durchgeführt werden dürften, bei denen die Organentnahme weder den Spender tötet noch schädigt, wie zum Beispiel bei der Spende einer Niere, eines *lobe of liver* („Leberlappens"), einer Blut- oder Knochenmarkspende (S. 250). Es ist klar, dass die heutige Transplantationsmedizin, die ein enormes Geschäft geworden ist, solche Vorstellungen nicht mehr annehmen kann. Die Hirntodideologie kann Fakten nicht zur Kenntnis nehmen, die ihren Vorstellungen im Wege stehen.

Viele Theologen, vor allen Dingen Moraltheologen sagen, dass beim Hirntod die Person verloren gehe; dass also dieser Mensch, der im Moment zumindest keine Entscheidungen mehr treffen kann, der sich nicht äußern kann, der vor allen Dingen keine Pläne mehr machen kann, dass der keine Person mehr sei.

Diese Auffassung wird dadurch eindeutig widerlegt, dass es bei vielen für hirntot Erklärten erwiesen ist, dass dann, wenn ihnen die Organe nicht entnommen werden konnten, sie wieder vollkommen gesund geworden sind; das heißt die Person war offensichtlich ununterbrochen existent, denn sonst hätten sie nachher nicht wieder gesund werden können.

Es ist diese Konstruktion, nach der man annimmt, wenn der Mensch im Moment nicht mehr fähig ist, Entscheidungen zu treffen, dann existiert er auch nicht mehr. Aber dazu ist auch ein Embryo nicht fähig, dazu ist auch ein neugeborenes Kind nicht fähig. Wenn man das Menschsein daran knüpft, dass der Mensch fähig ist, Entscheidungen zu treffen oder sonstige Vernunftfunktionen auszuüben, dann gibt es überhaupt keine Grenze mehr zur willkürlichen Handhabung und willkürlichen Entscheidung über menschliches Leben.

Ich glaube, es genügt ein einziger Fall, und inzwischen gibt es zahlreiche Fälle, in denen die Menschen, die für hirntot erklärt wurden, geheilt werden konnten, wenn ihnen die Organe nicht entnommen wurden.

Es gibt natürlich auch Menschen, die im Zuge einer schweren Schädel-Hirnschädigung sterben werden. In diesem Falle wäre es doch ein massiver Eingriff in den Sterbeprozess, der sicher für jeden Menschen ganz wichtig ist. Für einen Christen ist doch das Sterben ein ganz wichtiger Prozess.

Ich würde trotzdem sagen, den Hirntoten kann man nicht als Sterbenden definieren. Das zeigen alle Fälle, in denen nach der Diagnose „Hirntod" die Organe nicht entnommen werden konnten. Ich meine auch, dass die Manipulationen im Zustand des sogenannten „Hirntodes" Eingriffe sind, die ja gezielt darauf ausgerichtet sind, den Tod des Menschen herbeiführen zu können, nämlich den Tod durch Organentnahme. Diese Annahmen, diese Konstruktionen werden ja nur zu dem Zweck eingesetzt, um die Möglichkeit zu haben, Organe zu entnehmen, oder nicht?

Auf jeden Fall. Aber selbst dann, wenn sich ein Mensch im Sterbeprozess befindet, besteht da ein Recht, in diesen Prozess einzugreifen?

Ich glaube, dass es darauf ankommt, ob es sich wirklich bereits um einen Sterbeprozess handelt und in welchem Sinne der Eingriff erfolgt. Der Hirntote wird oft irreführend als Sterbender bezeichnet. Selbst wenn er ein Sterbender wäre, wird man versuchen dürfen, ihn zu retten. Und tatsächlich sind inzwischen sehr viele Hirntote gerettet worden, und zwar Kinder, Jugendliche und Erwachsene. Wenn man aber in den vermeintlichen oder wirklichen Sterbeprozess in dem

Sinne eingreift, um nur die Organentnahme vorzubereiten und damit schon das Todesurteil über den Patienten spricht, dann kann es ein solches Recht sicher nicht geben. Das ist auf alle Fälle ein Verbrechen. Der oben genannte Don Vittorio war bereits zur Organentnahme vorbereitet gewesen, als sein Oberer noch rechtzeitig gegen die Organentnahme protestieren und die Verlegung in ein anderes Krankenhaus veranlassen konnte. Dadurch konnte er das Leben von Don Vittorio retten.

Hat nicht jeder Mensch ein Recht darauf, in Würde und Geborgenheit zu sterben?

Ja, das meine ich auch. Ich habe bereits darauf hingewiesen, dass im heutigen Sprachgebrauch der für hirntot Erklärte leichtfertig als „Sterbender" bezeichnet wird. Das ist absolut falsch. In allen mir bekannt gewordenen Fällen, in denen die Organe nicht entnommen werden konnten, haben die „Hirntoten" überlebt und sind durch die richtige Behandlung völlig geheilt worden. Mit der Bezeichnung „Sterbender" wird suggeriert, dass er ohnehin sterben wird. Daher sei es für ihn kein Schaden, wenn er noch vor dem endgültigen Tod jemand anderem durch seine Organe helfen könne. Ein klassisches Beispiel dafür, wie falsch das ist, haben Sie selbst dokumentiert. Daher möchte ich diesen Fall hier anführen.

Sie haben den Fall in Polen dokumentiert, in dem bei einer jungen Frau Hirntod „diagnostiziert" wurde. Ihr Vater wurde gebeten, die Organentnahme zu gestatten. Die Chefärztin der Klinik, in der man der jungen Frau die Organe entnehmen wollte, versuchte, den Vater mit unglaublichen Argumenten zu überreden, der Organentnahme zuzustimmen. Er wollte es aber noch überlegen und mit seiner Frau besprechen. Inzwischen hatten die Eltern des Mädchens Kenntnis von dem Arzt Dr. Jan Talar erhalten, der sich auf solche Fälle spezialisiert hatte. Sie verlangten, dass ihre Tochter zu ihm überstellt werden sollte. Die Chefärztin reagierte darauf empört und drohte mit gerichtlicher Klage, falls das Mädchen bei der Überstellung sterben sollte und damit die Organe verloren gehen würden. Aber die Eltern haben die Überstellung durchgesetzt. Dr. Talar konnte das Mädchen durch seine Behandlung retten und das Mädchen konnte dann selbst in einem von *kathTube* aufgenommenen Video strahlend über seine Rettung berichten. Ich selbst habe dieses Video gesehen, das Sie mit einer Kollegin zur Verfügung gestellt haben.[152] Man muss dieses Video gesehen haben, um zu verstehen, mit welcher Verlogenheit und Taktik versucht wird, in diesem Falle zunächst dem Vater eines Kindes, die Zustimmung zur Organentnahme zu entlocken. Wie Sie mir versichern konnten, hat Dr. Talar bereits in 250 Fällen, in denen wegen Organentnahme angefragt worden war, diese aber nicht gestattet wurde, die Patienten durch seine Behandlung retten können.

Wenn die Kirche zugeben würde, dass die Organentnahme bei einem für hirntot erklärten Menschen Tötung ist, wür-

---

[152] Tot oder doch lebendig, http://www.kathtube.com/player. php?id=25682.

de doch wahrscheinlich die Akzeptanz für die Transplanta-
tionsmedizin zurückgehen?

Ich kann nur hoffen, dass es so ist. Aber wenn jetzt in der heutigen Situation die Kirche das tun würde, wozu sie meines Erachtens nach wirklich verpflichtet ist, und was sie bisher nicht getan hat, zu erklären, dass die Organentnahme nach der Hirntoderklärung Tötung ist, was die Erfinder des Hirntods ja selbst offen zugeben, dann würde von der Transplantationsmedizin ein Sturm entfacht werden, der wohl schlimmer sein würde als der nach der Enzyklika *Humanae vitae* von Papst Paul VI. Die Transplantationsmedizin zeigt zweifellos mafiöse Züge.

Kann es sein, dass eben viele auch davor Angst haben, sich zu äußern, gerade im Hinblick auf die Anfeindungen und die Skandale in der Kirche?

Sicher spielt das auch eine Rolle dafür, dass man es einfach nicht zu sagen wagt.

Aber dadurch wird's ja nicht besser!

Es wird dadurch nicht nur nicht besser, es wird nur immer schlimmer. Die Schuld für das Schweigen wird immer größer.

Wenn ich einen Patienten behandele, bin ich für mein Handeln vom Anfang bis zum Ende der Behandlung verantwortlich. Beim Hirntod wird jeder Prozess zumindest offiziell auf verschiedene Personen aufgeteilt; die Hirntod-

diagnostik soll unabhängig von der Transplantation ge-
macht werden. Auf diese Weise hat niemand ein Schuldge-
fühl. Der Transplanteur hat die beste Aufgabe: Er tut nur
noch etwas Gutes.

Rechtlich gesehen muss man das Ganze als eine
Handlung mit mehreren Beteiligten sehen. Wenn einer die Waffe herausnimmt und sie einem anderen
reicht und dieser gibt sie dann wieder einem Dritten,
der schließlich schießt, dann sind doch alle an dem
Mord beteiligt.

Bei der Transplantation sieht man es scheinbar nicht so.

Dass man das bei der Transplantation nicht so sieht,
hängt damit zusammen, dass man vom Zweck der
Transplantation her, nämlich menschliches Leben zu
retten, meint, der Zweck heilige auch die Mittel. Das
Mittel aber ist das Gegenteil von Lebensrettung, nämlich die Tötung der Spender. Die lebensrettende Transplantationsmedizin lebt daher ihrerseits von der Tötung der Spender. Was muss geschehen, um diese,
das Menschenrecht auf Leben missachtende Ungeheuerlichkeit allgemein bekannt zu machen und auch
das Leben der Spender zu retten? Hier müssten endlich auch die Regierungen sich zu ihrer Verantwortung durchringen, zu erkennen, was unter dem Vorwand des Hirntodes wirklich geschieht, nämlich in
einem demokratischen Staat, der Rechtsstaat sein
will, ein unkontrolliertes massenhaftes Töten un-
schuldiger und wehrloser Menschen.
Inzwischen hat die KAO (Kritische Aufklärung

über Organtransplantation e. V.) in einem Heft: „Organspende – die verschwiegene Seite, Angehörige berichten"[153], wirklich erschütternde Beispiele über das Vorgehen im Zusammenhang mit der Organspende veröffentlicht. Ich kann nur hoffen, dass diese Informationen möglichst viele Menschen erreichen. Denn der jetzige Zustand missbraucht das Vertrauen in Krankenhäuser, dass man dort Hilfe zur Rettung nach einem Unfall mit Kopfverletzung und einer Hirnschädigung erwarten dürfe. Wie das Verhalten des Transplantationsbeauftragten im oben angeführten Fall und der Chefärztin in dem von Ihnen dokumentierten Fall zeigen, sind die Krankenhäuser heute weithin mehr an den Organen als an der Heilung des Patienten interessiert. Und jetzt sollen überall Transplantationsbeauftragte dafür sorgen, dass kein „Hirntoter" mit seinen Organen aus dem Krankenhaus kommt. Daher ist die Einlieferung in ein Krankenhaus bei Kopfverletzungen schon fast ein Todesurteil, wenn nicht jemand die Hirntoddiagnostik ablehnen und damit die Organentnahme rechtzeitig verhindern kann. In dem oben geschilderten Fall des Jugendlichen konnte der behandelnde Arzt gegen den Willen des Transplantationsbeauftragten verhindern, dass es bei ihm zur Organentnahme kam. Er konnte im gleichen Krankenhaus durch den Einsatz des Arztes gerettet werden. Aber wo wird es den Arzt heute noch geben, der dies gegen den Willen des Transplantationsbeauftragten zu tun wagt? Normalerweise be-

---

[153] http://www.initiative-kao.de/kao-organspende-die-verschwiegene-seite-2011.pdf.

ginnt nach der Feststellung des Hirntodes, und darauf wird der Transplantationsbeauftragte drängen, die Behandlung zur Optimierung der Organe für die Transplantation. Damit ist die Vorentscheidung für die nachfolgende Tötung bereits getroffen. Eine Rettung wäre dann nur noch möglich, wenn es gelänge, den Patienten in ein anderes Krankenhaus zu verlegen, in dem man an seiner Rettung interessiert ist. Die von der KAO publizierten Fälle zeigen das erschütternd. Krankenhäuser sind weithin Organbeschaffungsanstalten und damit Tötungseinrichtungen geworden.

DRITTER TEIL

TAGUNG DER „PÄPSTLICHEN AKADEMIE DER WISSENSCHAFTEN" VOM 3. BIS 4. FEBRUAR 2005

Beitrag: Der Hirntod ist nicht der Tod!

In der Medizin schützen, erhalten und verlängern wir das Leben und schieben den Tod hinaus. Unser Ziel ist es, Körper und Seele in Einklang zu halten. Das Versagen eines vitalen Organs kann den Tod zur Folge haben. Andererseits kann das medizinische Eingreifen manchmal die Funktion des geschädigten Organs wiederherstellen, oder medizinische Geräte (wie Herzschrittmacher oder Herz-Lungen-Maschinen) können das Leben erhalten. Die Feststellung, dass das Gehirn oder ein anderes Organ die Funktion einstellt, ist an sich kein Anzeichen dafür, dass das betreffende Organ zerstört ist und noch viel weniger ein Anzeichen für den Tod dieses Menschen.

Dr. Paul Byrne

131

VORWORT

Am 3. und 4. Februar 2005 hat die „Päpstliche Akademie der Wissenschaften" in Kooperation mit der „Weltorganisation für die Familie" eine Tagung im Vatikan abgehalten zu dem Thema: „Die Zeichen des Todes".

Diese Abhandlung basiert sowohl auf den Texten, die der „Päpstlichen Akademie der Wissenschaften" vorgelegt wurden, als auch auf den Diskussionen, die in diesen zwei Tagen geführt wurden.

Die Tagung fand auf Wunsch von Papst Johannes Paul II. statt mit dem Ziel, die „Zeichen des Todes" nochmals zu beurteilen und um auf rein wissenschaftlicher Ebene die Gültigkeit der auf das Hirn bezogenen Kriterien für den Tod auf ihre Richtigkeit zu überprüfen. Dabei bezog man die gegenwärtige Debatte in den Wissenschaftskreisen zu diesem Thema ein.

In einer Mitteilung des Heiligen Vaters an die „Päpstliche Akademie der Wissenschaften", die bei der Tagung verlesen wurde, sagte er, dass die Kirche „bislang durchweg die Praxis der Transplantation von Organen Gestorbener unterstützt habe". Jedoch mahnte er, dass Transplantationen nur dann annehmbar seien, wenn sie in einer Weise durchgeführt werden, „die den Respekt für das Leben und den Menschen wahrt".

Der Papst zitierte seinen Vorgänger, Papst Pius XII., der gesagt hatte: „Es ist Aufgabe des Arztes, den Tod und den Todeseintritt klar und eindeutig zu definieren." Er ermutigte die „Päpstliche Akademie der Wissenschaften", diese Aufgabe weiter wahrzunehmen und sagte den Wissenschaftlern zu, dass sie sich auf die Unterstützung durch den Vatikan verlassen könnten, besonders auf die der Glaubenskongregation.

HINTERGRUND

Im Jahr 1968 wurden die „Harvard-Kriterien", die den Hirntod festlegten, in der Zeitschrift der Amerikanischen Ärztevereinigung veröffentlicht unter dem Titel: *Eine Definition des irreversiblen Komas*. Dieser Artikel enthielt keine Hintergrunddaten, weder auf der Basis von wissenschaftlicher Forschung noch auf der Grundlage von Fallstudien an Patienten. Aus diesem Grund stellte die Mehrheit der Tagungsteilnehmer in Rom fest, dass die „Harvard-Kriterien" wissenschaftlich ungültig waren.

Im Jahr 2002 wurden die Ergebnisse einer weltweiten Umfrage in der Zeitschrift „Neurology" veröffentlicht. Das Ergebnis der Umfrage war, dass die Verwendung des Begriffs „Hirntod" weltweit akzeptiert wird, aber es gibt keine weltweite Übereinstimmung bei den diagnostischen Kriterien und es bleiben „weiterhin ungelöste Fragen weltweit". Zwischen 1968 und 1978 wurden nachweislich mindestens 30 unterschiedliche Hirntodkriterien veröffentlicht und seitdem viele weitere. Die jeweils neu bekannt gegebenen Kriterien haben die Tendenz, weniger strikt zu sein als die früheren. Sie alle basieren nicht auf der wissenschaftlichen Methode von Beobachtung und Hypothese, welche durch Nachprüfung bestätigt wurden.

Versuche, die neueren Todeskriterien mit den be-
währten, allgemein akzeptierten Todeskriterien –
Aussetzen des Kreislaufs, der Atmung, der Reflexe –
zu vergleichen, zeigen, dass diese Kriterien deutlich
anders sind. Das hat den ärztlichen Berufsstand in eine unheilvolle Situation gebracht. Viele Ärzte, die den
Eindruck haben, dass die Akzeptanz von derart un-
vereinbaren Kriterien ein Verstoß gegen den Hippokratischen Eid ist, haben das starke Bedürfnis, die Ir-
reführung durch den Begriff „Hirntod" offenzulegen,
weil das hohe Ansehen des ärztlichen Berufsstandes
auf dem Spiel steht.

PHILOSOPHISCHE
BETRACHTUNGEN

In seiner Darlegung vor der „Päpstlichen Akademie der Wissenschaften" zitierte Robert Spaemann – ein bekannter ehemaliger Philosophie-Professor von der Universität München – die Worte von Papst Pius XII., der erklärt hatte, dass „das Leben weiter besteht, wenn vitale Funktionen festzustellen sind, auch wenn sie durch künstliche Mittel unterstützt werden".

Prof. Spaemann konstatierte: „Das Ende von Atmung und Herzschlag, die Trübung der Augen, die Totenstarre usw. sind die Kriterien, anhand derer Menschen seit ewigen Zeiten erkennen und begreifen konnten, dass ein Mitmensch tot ist." Aber die Harvard-Kriterien „haben diese Übereinstimmung von Medizinwissenschaft und der normalen zwischenmenschlichen Wahrnehmung grundlegend verändert".

Er sagte: „Wenn man die bestehenden Todeszeichen, wie sie vom gesunden Menschenverstand gesehen werden, denen der Wissenschaft gegenüberstellt, wird klar, dass die Wissenschaft nicht länger das normale Verständnis von Leben und Tod zur Voraussetzung hat. Tatsächlich setzt sie die normale menschliche Wahrnehmung außer Kraft, indem sie Menschen für tot erklärt, die noch als lebend wahrgenommen werden."

Der deutsche Wissenschaftler führte aus, dass der neue Ansatz für eine Definition des Todes andere Prioritäten widerspiegele:

Priorität hätte nicht mehr das Bedürfnis eines Sterbenden, nicht vorzeitig für tot erklärt zu werden, sondern das Interesse von Anderen daran, einen sterbenden Menschen so früh wie möglich für tot zu erklären. Es werden zwei Gründe genannt für dieses Interesse von Dritten:

- Um legal lebensverlängernde Maßnahmen beenden zu können, die sonst eine finanzielle und persönliche Belastung für Angehörige und Gesellschaft gleichermaßen bedeuten würden und
- um Organe gewinnen zu können mit dem Ziel, andere Menschen mit Hilfe der Transplantation retten zu können. Diese zwei Interessen sind nicht am Wohl des Patienten ausgerichtet, da sie ihm so schnell wie möglich den Status eines Subjekts aberkennen wollen.

Spaemann stellte fest, dass die Argumente gegen die Verwendung des Begriffs „Hirntod" als Todesfeststellung „nicht nur von Philosophen und besonders in meinem Land von führenden Juristen vorgebracht werden, sondern auch von Medizin-Wissenschaftlern". Er zitierte einen deutschen Anästhesisten: „Hirntote Menschen sind nicht tot, sondern Sterbende."

MEDIZINISCHE BEWEISE

Dr. Paul Byrne, ein Kinderheilkundler aus Toledo, Ohio, gab einen Einblick in die Medizin. Er machte folgende Aussage:

Wenn einem hirntoten Patienten Organe entnommen werden, sind bis zur Entnahme der Organe alle vitalen Lebenszeichen des Spenders vorhanden, wie normale Körpertemperatur, Blutdruck und Herzschlag. Vitale Organe wie Leber und Nieren arbeiten, und der Spender atmet mit Hilfe der künstlichen Beatmung.

Außerdem berichtete Byrne der Akademie, dass diese Vorgehensweise für die meisten Organentnahmen notwendig sei, weil vitale Organe nach dem Tod eines Patienten schnell unbrauchbar werden. „Nach dem richtigen Tod", sagte er, „können unpaarige Organe (vor allem das Herz und die Leber) nicht transplantiert werden." Die Transplantation von unpaarigen vitalen Organen ist legal in den meisten westlichen Ländern, einschließlich der USA, und in einigen Entwicklungsländern wie in Brasilien, aber die entscheidende Frage ist: „Ist es moralisch erlaubt, das Leben des Einen zu beenden, um ein anderes Leben zu retten?" Papst Johannes Paul II. hat wiederholt gesagt, so auch am 4. Februar 2003 in seiner Botschaft zum Welttag der Kranken: „Es ist niemals erlaubt, einen Menschen zu töten, um einen anderen zu retten." Der

Katechismus der Katholischen Kirche sagt unmissverständlich (2296): „Es ist moralisch nicht erlaubt, einen Menschen zu verstümmeln oder zu töten, auch nicht, wenn man dadurch den Tod von anderen Menschen hinausschieben kann."

„In der Medizin schützen, erhalten und verlängern wir das Leben und schieben den Tod hinaus", sagte Byrne. „Unser Ziel ist es, Körper und Seele in Einklang zu halten." Wenn ein vitales Organ ausfällt, so argumentierte er, kann das den Tod herbeiführen. Andererseits kann die medizinische Intervention manchmal die Funktion des beschädigten Organs wiederherstellen oder medizinische Geräte wie Herzschrittmacher und Herz-Lungen-Maschinen können das Leben erhalten. Er sagte: „Die Feststellung, dass das Gehirn oder ein anderes Organ die Funktion einstellt, ist an sich kein Anzeichen dafür, dass das betreffende Organ zerstört ist und noch viel weniger ein Zeichen für den Tod dieses Menschen."

VERTEIDIGUNG DER KRITERIEN

Einige Teilnehmer an der Februar-Tagung verteidigten die Anwendung der „Hirntod"-Kriterien. Dr. Stewart Youngner von der Case Western University räumte ein, dass „hirntote" Spender leben, aber er argumentierte, dass diese Tatsache kein Hinderungsgrund für die Organentnahme sein sollte. Seine Begründung war, dass die Lebensqualität von hirntoten Patienten so schlecht sei, dass es viel vorteilhafter sei, ihnen die Organe zu entnehmen, um das Leben eines Anderen zu retten, anstatt das Leben der Organspender zu erhalten.

Dr. Conrado Estol, ein Neurologe aus Buenos Aires, erklärte die Schritte, die erfolgen müssen, um den „Hirntod" eines potenziellen Organspenders feststellen zu können. Dr. Estol, der ein großer Befürworter der Organentnahme ist, weil damit das Leben Anderer verlängert werden kann, zeigte ein dramatisches Video von einem Menschen nach der Hirntodfeststellung, der versuchte, sich aufzusetzen und seine Arme zu verschränken. Trotzdem versicherte Dr. Estol den Anwesenden, dass der Spender eine Leiche war. Das rief Unruhe bei vielen Teilnehmern der Tagung hervor.

Ein französischer Transplanteur, Dr. Didier Houssin, gestand Probleme ein, die durch die Widersprüche zwischen den unterschiedlichen Hirntodkriterien entstehen. Er stellte fest, dass „der Tod eine medizinische Tatsache, ein biologischer Prozess und eine philosophische Frage ist, aber auch eine soziale Tatsache". Es sei schwierig für eine Gesellschaft zu verstehen, dass ein Mensch an dem einen Ort für lebendig und an dem anderen Ort für tot gehalten werde. Als Befürworter von Transplantationen sagte er aber, es sei wichtig für die Gesellschaft, den Ärzten zu vertrauen.

Ein anderer französischer Arzt, Dr. Jean-Didier Vincent vom Institut Universitaire, hob hervor, dass ein hirntoter Mensch eine vollständige und irreversible Zerstörung des Gehirns erlitten hat. Dr. Vincent wurde eingehend befragt nach dem Fall einer schwangeren Frau mit der Diagnose „Hirntod", die ihre Schwangerschaft unter Einsatz von lebenserhaltenden Maßnahmen fortsetzte und bei der sich sogar Muttermilch für das ungeborene Kind bildete. Er räumte ein, dass die Frau zwar Muttermilch ausbildete, beurteilte diese Milchbildung aber eher als einen unterdrückten mechanischen Reflex, denn als Zeichen für fortbestehendes menschliches Leben. Als man ihn daran erinnerte, dass die Herstellung von Muttermilch auf ein Signal hin erfolgt, das vom Vorderlappen der Hypophyse ausgeht und welches die Entstehung von Muttermilch und möglicherweise das Brustwachstum anregt und insofern ein funktionierendes Gehirn benötigt, erwiderte er, es könnte noch eine minimale Produktion von Hormonen im Gehirn möglich sein.

142

DER APNOETEST

Bei seiner Präsentation auf der Konferenz verurteilte Dr. Cicero Coimbra, ein klinischer Neurologe von der Bundesuniversität São Paulo, die Grausamkeit des Apnoetests. Dabei wird dem Patienten die künstliche Beatmung für bis zu zehn Minuten entzogen, um feststellen zu können, ob er selbstständig zu atmen beginnt. Dies ist ein Teil der (notwendigen) Untersuchungen, bevor ein hirnverletzter Patient für hirntot erklärt wird. Dr. Coimbra erklärte, dass diese Untersuchung eindeutig die mögliche Erholung eines hirnverletzten Patienten beeinträchtigt und sogar den Tod des Patienten hervorrufen kann.

Er führte aus: Viele hirnverletzte Patienten, sogar in tiefem Koma, können das Bewusstsein wiedererlangen und ins normale Leben zurückkehren; ihr Nervengewebe ist möglicherweise nur ruhiggestellt und nicht irreversibel geschädigt als Folge einer teilweise verminderten Durchblutung des Gehirns. (Dieses Krankheitsbild, das „ischämischer Halbschatten" genannt wird, war noch nicht bekannt, als vor 37 Jahren die ersten neurologischen Kriterien für den Hirntod festgelegt wurden.) Jedoch kann der Apnoetest (der als der wichtigste Schritt bei der Diagnose „Hirntod" oder „Stammhirntod" gilt) einen irreversiblen Stillstand der Hirndurchblutung oder sogar Herzstillstand herbeiführen und somit eine Wiederherstellung des Nervensystems verhindern.

Während des Apnoetests hindert man die Patienten daran, Kohlendioxid auszustoßen. Die Anreicherung des Blutes mit Kohlendioxid jedoch ist Gift für das Herz.

Als Folge dieses Tests fällt der Blutdruck, und die Blutzufuhr zum Gehirn wird irreversibel gestoppt. Auf diese Weise wird eher der irreversible Hirntod hervorgerufen, als dass er diagnostiziert wird; indem man den Blutdruck reduziert, verringert der Test zudem den Blutzufluss zum Atemzentrum im Gehirn. Dadurch hindert man den Patienten daran, während dieser Prozedur selbstständig zu atmen. (Durch eigenständige Atmung würde der Patient nachweisen, dass er lebt.)

Irreversibler Herzstillstand (Tod), Herzrhythmusstörungen, Herzmuskelinfarkt und andere lebensbedrohliche, schädliche Auswirkungen können ebenfalls während des Apnoetests eintreten. Folglich kann eine irreversible Hirnschädigung während und vor Beendigung der diagnostischen Verfahren zur Hirntodfeststellung eintreten.

Dr. Coimbra beendete seine Ausführungen mit den Worten, dass der Apnoetest als unethisch verurteilt werden sollte und als unmenschliches medizinisches Verfahren für ungesetzlich erklärt werden müsste. Er sagte, wenn die Angehörigen um die Brutalität und Risiken dieses Verfahrens wüssten, würden die meisten ihre Zustimmung verweigern.

Er machte darauf aufmerksam, dass ein Patient mit Herzinfarkt, der in die Notfallstation aufgenommen wird, keinesfalls einem Belastungstest ausgesetzt wird, zur Bestätigung dafür, dass er einen Herzinfarkt erlitten hat. Stattdessen behandelt man den Patienten mit besonderer Sorgfalt, um sein Herz vor weiteren Belastungen zu schützen.

Im Gegensatz dazu steht die Behandlung eines hirnverletzten Patienten. Wenn er dem Apnoetest unterzogen wird, wird das ohnehin schon geschädigte Organ weiter belastet, und eine zusätzliche Schädigung kann das Leben des Patienten gefährden. Dr. Yoshio Watanabe, ein Kardiologe aus Nagoya, Japan, stimmte ihm zu. Er sagte, wenn die Patienten nicht dem Apnoetest ausgesetzt würden, könnten sie eine 60-prozentige Chance zur Rückkehr ins Leben haben, wenn sie rechtzeitig mit therapeutischer Unterkühlung behandelt würden.

Dr. David Hill, ein britischer Anästhesist und Dozent in Cambridge, befasste sich ebenfalls mit der Frage nach einer möglichen Genesung eines hirnverletzten Patienten. Er sagte: „Es sollte erstens hervorgehoben werden, dass umfassend zugestanden wurde, dass einige Funktionen oder zumindest einige Aktivitäten im Gehirn weiterbestehen können. Zweitens ist der einzige Grund, warum ein Patient eher für tot als für sterbend gehalten wird, der, dass man lebensfähige

Organe für Transplantationen erhalten will." Die Anwendung dieser Kriterien, so seine Schlussfolgerung,
könne keineswegs als dem Wohl des Patienten dien-
lich gewertet werden, sondern sie dienten (im Gegensatz zu den hippokratischen Werten) ausschließlich
dem Wohl des potenziellen Organempfängers.

„DIE IRREFÜHRUNG"

Dr. Hill erinnerte daran, dass die ersten Versuche, vitale Organe zu transplantieren, oft daran scheiterten, dass die Organe von Leichen nicht die Phase der Ischämie nach dem Tod des Spenders überstanden. Die Übernahme der Hirntodkriterien löste das Problem, wie er ausführte: „durch die Möglichkeit, vitale Organe entnehmen zu können vor Abschalten der lebenserhaltenden Maßnahmen – ohne gesetzliche Einschränkungen, die sonst möglicherweise diese Vorgehensweise begleitet hätten". Es sei erstaunlich, dass die Öffentlichkeit diese neuen Kriterien akzeptiert habe, stellte Dr. Hill fest, und er führte diese Akzeptanz zum großen Teil auf die Werbung zugunsten der Organtransplantation zurück, und zum Teil darauf, dass die Öffentlichkeit nichts über die Vorgehensweise weiß.

„Man weiß im Allgemeinen nicht", so sagte er, „dass die lebenserhaltenden Maßnahmen erst nach der Entnahme der Organe beendet werden. Man weiß auch nicht, dass während der Entnahmeoperation anästhetische Maßnahmen zur Kontrolle des Spenders notwendig sind." Da das Wissen um diese Vorgehensweise zunehme, sagte er, sei es nicht überraschend, dass – wie eine englische Studie von 2004 ergibt – die Ablehnungsrate der Angehörigen gegen eine Organentnahme von 30 % im Jahr 1992 auf 44 % angestiegen ist. Er vermutete auch, dass die Angehörigen starke

147

Zweifel bekommen, wenn sie mit ihren eigenen Augen sehen, dass ein potenzieller Organspender lebt, und deshalb nicht bereit sind, einer Organentnahme zuzustimmen.

In Großbritannien, berichtete er, werde zunehmend Druck auf Menschen ausgeübt, einen Organspendeausweis auszufüllen und immer bei sich zu tragen, der Ärzten das Verfügungsrecht über ihre Organe gibt. Bislang haben nur etwa 19 % der Bevölkerung einen Organspendeausweis, aber KFZ-Anmeldepapiere, Führerscheinanträge und andere offizielle Dokumente enthalten Rubriken, in denen die Bürger ihr Einverständnis dokumentieren können. Sogar Kinder werden darin bestärkt, zu unterschreiben. In allen diesen Dokumenten steht, dass Organe nur „nach meinem Tod" entnommen werden dürfen, aber es gibt keine Erläuterung, was mit „Tod" gemeint ist. Hier hängt wieder seiner Meinung nach die Akzeptanz von Transplantationen mit dem mangelnden Wissen der Öffentlichkeit um die Vorgehensweisen zusammen. Er hob hervor, dass andererseits „für jeden anderen Eingriff die informierte Zustimmung vorgeschrieben ist, aber für diesen endgültigen Eingriff wird keine Aufklärung oder Gegenzeichnung verlangt. Ebenso wenig wird (den potenziellen Organspendern) die Möglichkeit gegeben, sich mit der Frage einer Narkose auseinanderzusetzen."

Bischof Fabian Bruskewitz aus Lincoln, Nebraska, sprach das Thema der Zustimmung des Spenders an. „Soweit ich weiß", sagte er bei der „Päpstlichen Aka-

demie der Wissenschaften", „hat kein geachteter, ge-
bildeter und angesehener katholischer Moraltheologe
behauptet, dass die Worte von Jesus, man solle sein
Leben für seine Freunde geben (Johannes 15, Vers 13),
eine Aufforderung oder sogar eine Erlaubnis zur Einwilligung in die Selbsttötung darstellten, damit andere weiterleben können."

Der Bischof führte weiter aus, dass die gegenwärtige
Technologie es den Ärzten ermöglicht, nur in den äu-
ßeren 1–2 Zentimetern des Gehirns Aktivität messen
zu können. Er stellte die Frage: „Haben wir unter diesen Umständen überhaupt die unwiderlegbare moralische Gewissheit, etwas über die Existenz der Hirnaktivität, geschweige denn über das Ende der Hirnaktivität auszusagen?"

Aus dem Blickwinkel der katholischen Moraltheolo-
gie heraus sagte der Bischof, die Würde und Autono-
mie des Menschen – sei es als Zygote, Blastozyste,
Embryo, Fötus, Neugeborenes, Kind, Heranwachsen-
der, Erwachsener, behinderter Erwachsener, alter
Mensch, Mensch in einem komatösen (oder sogenannten) dauerhaft vegetativen Zustand – werde so
gesehen, wie sie schon immer in der Geschichte der
katholischen Kirche gesehen wurde, mit Respekt und
dem Anspruch auf Schutz vor schädigenden Eingriffen, die das Ende eines menschlichen Lebens in einem
dieser Stadien herbeiführen.

Mit Blick auf die ernsten Fragen um die Gültigkeit
der Hirntodkriterien sagte Prof. Josef Seifert von der

Internationalen Akademie der Philosophie in Liechtenstein, medizinische Ethiker sollten sich auf das wahre und offensichtliche ethische Prinzip berufen (wie es die gesamte Kirchentradition der Morallehre verlangt), nämlich dass wir, „wenn auch nur ein kleiner begründeter Zweifel besteht, dass unsere Handlungen einen Menschen töten, davon Abstand nehmen müssen".

DIE TODESZEICHEN

Schlussfolgerungen der Tagung der „Päpstlichen Akademie der Wissenschaften" vom Februar 2005 nach Überprüfung der Hirntodkriterien:

1. Einerseits erkennt die Kirche an, im Einklang mit ihrer Tradition, dass die Heiligkeit des menschlichen Lebens von der Empfängnis bis zum natürlichen Ende uneingeschränkt geschützt und aufrechterhalten bleiben muss. Andererseits neigt eine säkularisierte Gesellschaft dazu, mehr Gewicht auf die Lebensqualität zu legen.

2. Die katholische Kirche hat immer gegen die Zerstörung menschlichen Lebens durch Abtreibung Widerstand geleistet, und ebenso verurteilt sie die vorzeitige Beendigung des Lebens eines unschuldigen Organspenders mit dem Ziel, das Leben eines Anderen durch die Transplantation eines unpaarigen Organs zu verlängern. „Es ist moralisch unzulässig, die Verstümmelung oder den Tod eines Menschen unmittelbar herbeizuführen, auch dann nicht, wenn dadurch der Tod von anderen Menschen hinausgeschoben werden kann." „Es ist niemals erlaubt, einen Menschen zu töten, um einen anderen zu retten."

3. „Wir dürfen auch nicht schweigen bei anderen heimlicheren, aber nicht weniger schwerwiegenden und praktizierten Formen der Euthanasie. Diese könnten zum Beispiel auftreten, wenn man, um

die Verfügbarkeit von Organen für Transplantationen zu steigern, Organe entnimmt, ohne objektive und angemessene Kriterien anzuwenden, die den Tod des Spenders nachweisen."

4. Der Tod eines Menschen ist ein einzigartiges Ereignis. Er besteht aus der völligen Auflösung des einheitlichen und integrierten Ganzen, dem Selbst. Der Tod ist die Folge der Trennung des Lebensprinzips (oder der Seele) vom Körper des Menschen. Papst Pius XII. berief sich auf dieselbe Wahrheit, indem er feststellte, dass das menschliche Leben weiterbesteht, wenn die vitalen Funktionen offensichtlich sind, auch bei künstlicher Unterstützung.

5. „Die Anerkennung der einzigartigen Würde des Menschen hat eine weitere zugrundeliegende Konsequenz: Vitale unpaarige Organe dürfen nur nach dem Tod entnommen werden – das heißt aus dem Körper eines Menschen, der mit Sicherheit tot ist. Diese Forderung ist selbstverständlich, denn anders zu handeln heißt, dass man mit Absicht den Tod eines Spenders herbeiführt, um über seine Organe verfügen zu können." Das natürliche Moralgesetz erlaubt nicht die Entnahme von unpaarigen vitalen Organen zum Zwecke der Transplantation von einem Menschen, der noch nicht mit Sicherheit tot ist. Die Feststellung des „Hirntodes" reicht nicht aus, um zu der Folgerung zu kommen, dass der Patient mit Sicherheit tot ist. Sie reicht nicht einmal aus, um moralische Gewissheit zu erlangen.

6. Viele Menschen aus medizinischen und wissenschaftlichen Kreisen verfechten weiterhin, dass die auf den „Hirntod" gestützten Kriterien ausreichen,

um moralische Gewissheit über den Tod selbst zu haben. Gegenwärtige medizinische und wissenschaftliche Beweise widersprechen dieser Annahme. Neurologische Kriterien allein genügen nicht, um moralische Gewissheit über den Tod zu bekommen und sind absolut nicht in der Lage, eine physische Sicherheit über den eingetretenen Tod zu gewährleisten.

7. Es ist jetzt offenkundig und offensichtlich, dass es kein einziges sogenanntes neurologisches Kriterium gibt – woran internationale Wissenschaftskreise öffentlich festhalten – welches den sicheren Tod feststellt. Vielmehr werden viele unterschiedliche neurologische Kriterien ohne weltweite Übereinstimmung angewendet.

8. Neurologische Kriterien reichen nicht aus für eine Todeserklärung, wenn noch ein intaktes Herz-Kreislauf- und Atemsystem besteht. Diese neurologischen Kriterien können nur das Fehlen von einigen bestimmten Hirnreflexen überprüfen. Die Hirnfunktionen wie Temperaturkontrolle, Blutdruck, Herzschlag und der Ausgleich des Salz-Wasser-haushaltes werden dabei nicht berücksichtigt. Wenn ein künstlich beatmeter Mensch für „hirntot" erklärt wird, sind diese Funktionen nicht nur vorhanden, sondern auch anhaltend aktiv.

9. Der Apnoetest – das Abstellen der künstlichen Beatmung – ist als Teil der neurologischen Diagnose vorgeschrieben und wird paradoxerweise eingesetzt, um die Irreversibilität zu bestätigen. Dieser Test beeinträchtigt merklich das Untersuchungsergebnis oder verursacht sogar den Tod eines Patienten mit schweren Hirnschädigungen.

10. Es gibt überwältigende medizinische und natur-
wissenschaftliche Beweise, dass das vollständige
Einstellen der Hirnaktivität (in Großhirn, Kleinhirn und Hirnstamm) kein Nachweis des Todes
ist. Das vollständige Ende der Hirntätigkeit kann
nicht angemessen beurteilt werden. Die Irreversibilität ist eine Prognose, keine medizinisch feststellbare Tatsache. Heute behandeln wir viele Patienten mit Erfolg, deren Genesung noch vor Kurzem hoffnungslos schien.

11. Eine Todesfeststellung allein aufgrund von neurologischen Kriterien ist eine Theorie, keine wissenschaftliche Tatsache. Sie genügt nicht, um die Annahme, dass der Patient noch lebt, zu widerlegen.

12. Kein Gesetz (welches auch immer) sollte versuchen, eine Vorgehensweise für legal zu erklären,
die in sich schlecht ist. „Ich wiederhole noch einmal, dass ein Gesetz, welches das natürliche Recht
eines unschuldigen Menschen auf Leben verletzt,
ungerecht und als solches ungültig ist. Deshalb
appelliere ich noch einmal eindringlich an alle politisch Verantwortlichen, keine Gesetze zu erlas-
sen, welche die Würde des Menschen missachten
und dadurch die Grundlagen der Gesellschaft zu-
grunde richten."

13. Das Leben eines unschuldigen Menschen zu beenden, um das Leben eines anderen zu retten – wie
bei der Transplantation von unpaarigen vitalen
Organen – macht das Böse nicht besser, das darin
besteht, einem unschuldigen Menschen das Leben
zu nehmen. Böses darf nicht getan werden, um
Gutes zu bewirken.

J. A. Armour, Arzt, University of Montreal – Hospital of the Sacred Heart, Montreal, Quebec

Fabian Bruskewitz, Bischof von Lincoln, Nebraska

Paul A. Byrne, ehemaliger Präsident der „Catholic Medical Association", USA

Pilar Mercado Calva, Professor, Medizinische Fakultät, Anahuac University, Mexiko

Cicero G. Coimbra, Professor für Klinische Neurologie, Federal University, São Paulo, Brasilien

William F. Colliton, emerit. Professor für Geburtshilfe und Gynäkologie, George Washington University, Medizinische Fakultät, Virginia

Joseph C. Evers, assoziierter Professor für Kinderheilkunde, Georgetown University, Medizinische Fakultät, Washington, DC

David Hill, emeritierter beratender Anästhesist am Addenbrooke Hospital, und assoziierter Dozent, Cambridge University, England

Ruth Oliver, Psychiaterin, Kingston, Ontario

Michael Potts, Direktor der Abteilung Religion und Philosophie, Methodist College, Fayetteville, North Carolina

Josef Seifert, Professor für Philosophie an der Internationalen Akademie für Philosophie in Vaduz, Liechtenstein; Ehrenmitglied der Medizinischen Fakultät der Päpstlichen Katholischen Universität von Chile in Santiago, Chile

Robert Spaemann, emeritierter Professor der Philosophie an der Universität München, Deutschland

Robert F. Vasa, Bischof der Diözese Baker, Oregon

Yoshio Watanabe, beratender Kardiologe, Nagoya To-
kushukai General Hospital, Japan
Mercedes Arzú Wilson, Präsidentin der „Family of the
Americas Foundation" und der „Weltorganisation
für die Familie"

Quelle:
Beitrag, Tagung der „Päpstlichen Akademie der Wissenschaften" vom 3. bis 4. Februar 2005. Dr. Paul A.
Byrne, to *„The Compassionate Healthcare Network",*
March 29, 2005, per E-Mail. Der englische Original-
text ist auch abrufbar unter: www.chninternational.
com/brain_death_is_not_death_byrne_paul_md.
html.

Nachtrag:
Prof. Waldstein war zwar zur Tagung eingeladen und
hätte auch unterschrieben, wenn er nicht wegen seines für die Tagung vorbereiteten Textes vom Kanzler
der Akademie von der Teilnahme an der Tagung ausgeschlossen worden wäre. Er durfte auch nicht als Be-
obachter teilnehmen.

ÜBER DIE AUTOREN

Wolfgang Waldstein

wurde 1928 in Hangö/Finnland geboren. Nach Ausbruch des sowjetisch-finnischen Krieges kam er 1940 mit seiner Familie nach Salzburg.

In Innsbruck studierte Wolfgang Waldstein Rechtswissenschaften. Ab 1964 lehrte er als ao. Professor an der Universität Innsbruck. Bereits im Jahr 1965 wurde er als Professor für Römisches Recht an die Universität Salzburg berufen. Von 1996 bis 1998 war er Ordinarius an der Zivilrechtlichen Fakultät der Päpstlichen Lateran-Universität in Rom. Ab dem Jahr 1994 gehörte er der „Päpstlichen Akademie für das Leben" an, ab 1999 als Mitglied des *Consiglio Direttivo*. Diese Mitgliedschaft endete turnusgemäß im Jahr 2004.

Prof. Dr. Wolfgang Waldstein ist international als Experte für das Naturrecht anerkannt. Zeit seines Lebens engagierte er sich stark für den Schutz des Lebens.

Er erhielt zwei Ehrendoktorate und viele Preise und Auszeichnungen verliehen.

Seine Lebenserinnerungen, spannend von Anfang bis zum jetzt erreichten 85. Lebensjahr, schrieb er auf ausdrücklichen Wunsch von Joseph Kardinal Ratzinger nieder. Sie erschienen unter dem Titel „Mein Leben – Erinnerungen" im MEDIA MARIA Verlag.

Regina Breul

Jahrgang 1945, Medizinstudium an der Universität Köln, Wissenschaftliche Assistentin am Anatomischen Institut Köln von 1971 bis 1973, Approbation 1974, Assistenzärztin auf der chirurgischen Abteilung des St. Elisabethkrankenhauses in Köln von 1974 bis 1979, Promotion in Medizin an der Universität Köln 1975, Medizinalrätin bei der Bundeswehr von 1978 bis 1982, seit 2009 Dozentin für medizinische Fächer an der Vollzeitschule des COE.

Wolfgang Waldstein

MEIN LEBEN

Erinnerungen

Wolfgang Waldstein entstammt einer gräflich böhmischen Familie und wurde 1928 in Hangö, Finnland, geboren. Nach Ausbruch des sowjetisch-finnischen Krieges siedelte die Familie 1940 nach Salzburg um.

Neben seiner Universitätslaufbahn als Professor für Römisches Recht an den Universitäten in Innsbruck und Salzburg und als Ordinarius an der Zivilrechtlichen Fakultät der Päpstlichen Lateran-Universität in Rom engagierte sich Prof. Dr. Wolfgang Waldstein stark für den Schutz des Lebens. Er ist nicht nur ein international anerkannter Experte für das Naturrecht, sondern auch ein tiefgläubiger Mensch. Prof. Dr. Wolfgang Waldstein erhielt zwei Ehrendoktorate und viele Preise und Auszeichnungen verliehen.

Seine Lebenserinnerungen, spannend von Anfang bis zum jetzt erreichten 85. Lebensjahr, schrieb er auf ausdrücklichen Wunsch von Joseph Kardinal Ratzinger nieder.

Geb., mit SU, 240 Seiten
ISBN 978-3-9815943-4-8